FIQUE RICO INVESTINDO DE MANEIRA SIMPLES

ANDRÉ FOGAÇA

FIQUE RICO INVESTINDO DE MANEIRA SIMPLES

DO ZERO À LIBERDADE FINANCEIRA | EM TEMPO RECORDE DE FORMA ACESSÍVEL, SEGURA E LUCRATIVA

Nova Petrópolis / 2021

Capa:
Desenho Editorial

Projeto gráfico e diagramação:
Estefani Machado

Produção editorial:
Tatiana Müller

Revisão:
Bruna Gomes Cordeiro

Ícones de miolo:
Freepik.com.br
Flaticon.com

Dados Internacionais de Catalogação na Publicação (CIP)

```
F655f   Fogaça, André.
            Fique rico investindo de maneira simples : do zero à liberdade
        financeira em tempo recorde de forma acessível, segura e lucrativa
        / André Fogaça. – Nova Petrópolis : MAP, 2021.
            320 p. ; 23 cm.


            ISBN 978-65-88485-06-4


            1. Investimentos. 2. Finanças. 3. Investimentos em ações. 4.
        Autoajuda. 5. Desenvolvimento pessoal. I. Título.


                                                      CDU 336.76
```

Índice para catálogo sistemático:

1. Investimentos   336.76

(Bibliotecária responsável: Sabrina Leal Araujo – CRB 8/10213)

Todos os direitos reservados. Nenhuma parte desta obra pode ser reproduzida ou transmitida por qualquer forma e/ou quaisquer meios (eletrônico ou mecânico, incluindo fotocópia e gravação) ou arquivada em qualquer sistema ou banco de dados sem permissão escrita da Editora.

Luz da Serra Editora Ltda.
Avenida Quinze de Novembro, 785
Bairro Centro - Nova Petrópolis/RS
CEP 95150-000
loja@luzdaserra.com.br
www.luzdaserra.com.br
loja.luzdaserraeditora.com.br
Fones: (54) 3281-4399 / (54) 99113-7657

SUMÁRIO

INTRODUÇÃO..10

PARTE 01

OS PRINCÍPIOS DO MÉTODO KISS...31

CAPÍTULO 1
OS TRÊS POTES DA ORGANIZAÇÃO FINANCEIRA..33

CAPÍTULO 2
FUNDAMENTOS DO ACÚMULO DE RIQUEZA...46

CAPÍTULO 3
A IMPORTÂNCIA DE ECONOMIZAR E INVESTIR REGULARMENTE.....................56

CAPÍTULO 4
PRIORIZE O SEU TRABALHO PARA GANHAR MAIS...65

CAPÍTULO 5
OS ATIVOS DE VALOR QUE VOCÊ DEVE INVESTIR...77

CAPÍTULO 6
REINVISTA OS LUCROS E VEJA SEU PATRIMÔNIO CRESCER MAIS RÁPIDO..........84

PARTE 02

CAPÍTULO 7
ENTENDA A DIFERENÇA ENTRE INVESTIMENTO E ESPECULAÇÃO 94

CAPÍTULO 8
ONDE INVESTIR OS POTES DA RESERVA DE EMERGÊNCIA E DAS RECOMPENSAS... 109

CAPÍTULO 9
ONDE INVESTIR O POTE DA LIBERDADE FINANCEIRA...117

CAPÍTULO 10
DIVERSIFICAÇÃO E ALOCAÇÃO IDEAL...132

CAPÍTULO 11
EM QUANTO TEMPO VOCÊ ALCANÇARÁ A LIBERDADE FINANCEIRA...............143

A VERDADE SOBRE O MERCADO DE AÇÕES.................................. 151

CAPÍTULO 12
NOÇÕES BÁSICAS SOBRE O MERCADO DE AÇÕES..152

PARTE 03

CAPÍTULO 13
MITOS SOBRE INVESTIMENTO EM AÇÕES..................165

CAPÍTULO 14
AS DUAS PRINCIPAIS ESCOLAS DE ANÁLISE DE AÇÕES..................180

CAPÍTULO 15
OS 7 ERROS QUE LEVAM AO FRACASSO NA BOLSA..................193

CAPÍTULO 16
AS VANTAGENS DE INVESTIR POR CONTA PRÓPRIA..................208

O MÉTODO KISS APLICADO ÀS AÇÕES..................225

CAPÍTULO 17
MÉTODO KISS APLICADO ÀS AÇÕES....226

CAPÍTULO 18
QUANDO COMPRAR E VENDER UMA AÇÃO..................231

CAPÍTULO 19
POR QUE O PREÇO DE COMPRA TEM POUCA RELEVÂNCIA? 236

CAPÍTULO 20
NOÇÕES BÁSICAS SOBRE DIVIDENDOS 255

CAPÍTULO 21
COMO AVALIAR AÇÕES PAGADORAS DE DIVIDENDOS 275

CAPÍTULO 22
O REINVESTIMENTO DOS DIVIDENDOS NA PRÁTICA 290

CAPÍTULO 23
COMO GERAR RENDA IMEDIATA COM DIVIDENDOS 298

CONSIDERAÇÕES FINAIS 306

REFERÊNCIAS E INDICAÇÕES DE LEITURA 316

AGRADECIMENTOS

Agradeço aos meus pais, Gilberto e Cesira, que sempre acreditaram em mim e no meu potencial.

Agradeço aos meus sócios Daniel, Tiago e Fabrício pelo suporte e por criarem as condições necessárias para que este livro se tornasse realidade. Sem eles, nada disso seria possível.

Agradeço à equipe do GuiaInvest, que sempre esteve me apoiando em todos os momentos. Em especial, agradeço ao Martin Kirsten pela contribuição e auxílio na organização desta obra, bem como pelas discussões enriquecedoras que elevaram o nível deste material.

Agradeço à minha esposa Isabel e à minha filha Ana Clara pelo amor, carinho e compreensão. Sou grato por estarem sempre ao meu lado.

Agradeço à Luz da Serra Editora pelo cuidado e esmero empregado em todos os pequenos detalhes. E principalmente por acreditarem no meu trabalho de disseminar educação financeira de qualidade para as pessoas.

E, por fim, agradeço aos meus alunos, que são minha grande fonte de inspiração. Nada me entusiasma mais do que colecionar histórias daqueles que tiveram suas vidas transformadas por meio dos meus ensinamentos.

INTRODUÇÃO

Olá!

Eu não conheço você pessoalmente, mas sei que, se está lendo este livro, é porque não está disposto a se contentar com suas circunstâncias atuais. É alguém que quer escrever o roteiro da própria vida, alguém que quer moldar o próprio futuro e construir algo único. Bem, a hora de fazer isso é agora.

Existem vários caminhos para conquistar uma vida mais livre, e o caminho da educação financeira é um deles. Benjamim Franklin disse certa vez que

> "Investir em conhecimento
> **RENDE SEMPRE**
> os melhores juros".

Essa frase não poderia ser mais verdadeira, porque agora você tem em mãos um material que pode efetivamente transformar a sua vida e render os melhores juros.

Eu acredito fortemente que o que você vai descobrir ao longo deste livro trará mais confiança, mais otimismo e mais alegria no seu dia a dia, pois você irá conhecer os passos certos para uma vida financeiramente livre. Além disso, você também vai se sentir aliviado e tranquilo por estar construindo sua própria aposentadoria independente, garantindo não só a sua a segurança financeira, mas de toda a sua família.

Neste livro, você vai descobrir um caminho descomplicado, seguro e eficaz para conquistar a liberdade financeira através do investimento em ações. Ainda que você não tenha dinheiro guardado, ou que tenha uma pequena quantia para investir todo mês, você verá que não é preciso se tornar um especialista e perder horas do seu dia, nem deixar de aproveitar a vida hoje, para ver seu patrimônio aumentar.

Agora, responda com sinceridade: como seria sua vida se você fosse realmente rico? Imagine ter na sua conta bancária R$ 500 mil, R$ 1 milhão, R$ 2 milhões ou até mais do que isso. O que você faria com esse valor?

Melhor ainda: pense no exato valor que você gostaria de ganhar na Mega Sena e na vida que essa quantia poderia te proporcionar. Imagine você morando naquela casa confortável, espaçosa, bem decorada e de frente para o mar; trocando de carro todos os anos; seus filhos estudando nas melhores escolas, você viajando duas vezes ao ano para os lugares que sempre sonhou conhecer... Enfim, uma vida com abundância financeira suficiente até para aquilo que é supérfluo. Pensou? Pois eu digo a você que é possível conquistar uma vida assim.

A essa altura, você deve estar se perguntando quem é André Fogaça e como eu ouso afirmar isso e me considero capaz de te ajudar a alcançar a tão sonhada liberdade financeira. Deixe-me explicar. Em 2004, eu trabalhava na área financeira de uma multinacional em Porto Alegre, no Rio Grande do Sul. Foi o meu primeiro e único emprego formal. Eu ainda não era formado e ganhava exatos 861 reais por mês. Nessa época, eu trabalhava o dia inteiro e depois ainda tinha aula na faculdade de Administração na Universidade Federal do Rio Grande do Sul. De segunda a sexta, eu saía de casa antes das sete da manhã e só voltava depois das dez da noite.

Não sobrava muito tempo livre. Eu estava sempre cansado, já que a rotina era bem pesada. O engraçado é que nesse período já tinha algo que me incomodava a respeito da ideia de trabalhar por trabalhar. Sem um propósito maior. Exclusivamente pelo dinheiro. Sendo um escravo do sistema.

A sensação que eu tinha era que eu nunca estava plenamente livre de verdade, e isso era bem perturbador. Por essa razão, lembro que um dos meus interesses na época eram assuntos relacionados a finanças pessoais, investimentos e economia. Algo me dizia que eu encontraria uma resposta ali. Talvez a solução para a minha angústia.

Nessa busca, deparei-me com o livro *Independência financeira*, do Robert Kiyosaki, o mesmo autor do best-seller *Pai rico, pai pobre*. Nesse livro, ele ensina algo simples, mas que impactou minha vida para sempre: o conceito dos quadrantes do fluxo de caixa. Basicamente, ele mostrou que, ao longo da vida, as pessoas podem gerar renda de quatro formas: sendo empregado, profissional autônomo, empresário ou investidor, e cada um deles tem características bem definidas.

O empregado é aquele que troca seu tempo por dinheiro. Ele vende sua força de trabalho para um empresário em troca de um salário. O autônomo também troca seu tempo por dinheiro, mas a diferença é que ele é o dono de seu próprio emprego. Ele é o sistema, porque trabalha para si mesmo. Médicos, dentistas, advogados são alguns exemplos. O empresário é o dono do sistema e tem pessoas que trabalham para ele. O seu fluxo de renda está diretamente relacionado à sua capacidade de administrar bem o seu negócio.

Já o investidor tem o dinheiro para trabalhar para ele. O seu fluxo de renda está atrelado à sua capacidade de fazer bons investimentos.

Apesar dessa explicação fazer bastante sentido, um detalhe me deixou incomodado. Quando eu me dei conta das consequências do sucesso para cada lado desses quadrantes, fiquei chocado. Para quem está do lado esquerdo, empregados e autônomos, quanto mais bem-sucedido for, mais dinheiro terá, porém com menos tempo livre para si mesmo e sua família. No entanto, para quem está do lado direito, empresários e investidores, a situação é a seguinte: quanto mais bem-sucedido for, mais dinheiro terá e mais tempo livre para si mesmo e sua família.

E aqui vem a pergunta que diferencia o lado esquerdo do lado direito: se eu decidir não trabalhar por um mês, minha renda continua entrando? Perceba que, para o lado esquerdo, do empregado e do autônomo, a resposta é: não. Já para o lado direito, do empresário e do investidor, a resposta é: sim. Foi nesse momento que tudo ficou claro para mim. Se eu quisesse, um dia, alcançar a liberdade financeira e conquistar maior qualidade de vida, eu teria que, em algum momento, pular para o lado direito dos quadrantes. Claro que isso não era garantia de sucesso, mas eu queria colocar as probabilidades ao meu favor. Eu poderia ocupar a posição do empresário, do investidor, ou dos dois ao mesmo tempo — por que não? Bom, essa ideia grudou na minha mente.

O que mais me fascinou nesse ensinamento foi compreender que independente do lugar que eu estivesse naquele momento, eu poderia, sem grandes dificuldades, estar na posição do investidor. Era o quadrante mais fácil de entrar, e era o único que permitiria fazer o meu dinheiro trabalhar para mim 100% do tempo. A libertação que eu vinha buscando estava ali, bem diante dos meus olhos.

Nesse ponto, eu já estava bem interessado por investimentos e todo o seu potencial para transformar a minha vida e, consequentemente, a vida das pessoas próximas a mim. Sim! Aquele sonho de estar do lado direito dos quadrantes não saía da minha cabeça.

Tenho que admitir, eu fiquei um tanto quanto fascinado por aquela ideia. Sabe quando a gente tem uma ideia fixa e não consegue pensar em outra coisa? Bom, eu estava exatamente assim. Era só nisso que eu pensava. E eu sabia que fazendo as coisas do jeito que vinha fazendo, eu passaria a vida inteira no quadrante do empregado, e não era isso o que eu desejava no meu íntimo. Talvez por isso eu tenha ficado tão fascinado com a ideia do lado direito dos quadrantes. Enfim, existia um caminho, um jeito de alcançar uma vida mais livre e, ao mesmo tempo, com mais propósito — pelo menos na minha visão.

No entanto, apesar de toda a minha empolgação, algo inimaginável aconteceu na minha família. Era uma sexta-feira; ao chegar em casa após o trabalho, minha mãe me recebeu com a triste notícia de que meu pai havia sido demitido. Ele trabalhava numa empresa pública que tinha acabado de ser privatizada. O pior de tudo é que faltavam apenas três anos para ele se aposentar oficialmente. Foi um choque para toda a família.

Naquela época, eu vivia com meus pais. Minha mãe era dona de casa e minha família dependia totalmente da renda do meu pai. Logo, por causa desse episódio, eu me vi, de uma hora para outra, distante de alcançar o sonho de me tornar um verdadeiro investidor e dono do meu próprio negócio, ou pelo menos de pular para o lado direito dos quadrantes.

Acompanhar meu pai passar uma vida inteira de empenho no trabalho, quase 30 anos de dedicação, e ser mandado embora prestes a se aposentar foi uma frustração muito grande. Uma sensação de injustiça. Foi como se o mundo tivesse desabado. Comecei a imaginar meu pai passando por dificuldades na velhice, não conseguindo comprar seus remédios, tendo que depender de mim e dos meus irmãos para se sustentar — ou depender da aposentadoria miserável do INSS.

Foi nesse momento que a ficha caiu para mim e eu despertei para uma nova realidade. O mundo havia mudado, não era mais parecido com aquele que tinham me ensinado. Aquele modelo tradicional que nos ensina a ir para escola, estudar, tirar boas notas, achar um emprego estável, trabalhar por 35 anos e se aposentar para, aí sim, aproveitar os poucos anos que restam de vida já não fazia mais sentido. Estava muito claro para mim que o modelo, agora, era outro. Não havia mais essa coisa de estabilidade no trabalho e aposentadoria garantida. E confesso que, ao me dar conta disso, senti um calafrio na espinha.

Lembro do dia que, ao chegar em casa lá pelas 3 da madrugada, depois de ter ido a um bar com alguns amigos em uma noite fria de inverno aqui no Sul, encontrei meu pai ainda acordado, sentado no sofá da sala, com lágrimas nos olhos. Perguntei o que ele fazia acordado àquela hora e ele disse que estava sem sono. Era evidente a situação. Ele estava ali, envergonhado, frustrado, nitidamente abatido por estar passando por aquela situação angustiante. Uma situação que ele nunca imaginou que pudesse acontecer.

Então, eu fui para o meu quarto e, quando me deitei na cama, tomei uma decisão. Ver meu pai arrasado por não conseguir prover o sustento da família foi pesado demais para mim. Decidi, então, que eu faria o que fosse preciso para não ter de passar por uma situação como essa.

Bom, depois de algum tempo vivendo nessa situação de dificuldades e privações, meu pai recebeu um valor referente à venda de algumas terras que ele havia herdado do meu avô, falecido alguns anos antes. Não era nenhuma fortuna, mas era a única esperança de garantir uma aposentadoria digna para ele. Como, naquela época, eu já estava trabalhando com investimentos, decidi usar minha experiência para ajudar meu pai a investir aquele dinheiro da melhor forma possível. Eu sabia de pessoas que acumularam grandes fortunas somente investindo na Bolsa de Valores. Essa podia ser uma saída para o meu pai.

Foi até engraçado. Lembro que no mesmo dia que o dinheiro ficou disponível no banco, o gerente ligou, tentando empurrar uma daquelas aplicações que geralmente são ótimas para bater a meta do banco e péssimas para os clientes. Naquela época eu ainda não sabia disso direito, mas a boa notícia para mim foi que, por decisão do meu pai, uma parcela dessa herança foi transferida para mim e meus irmãos. Não era muito, mas poderia ajudar a tirar do papel o desejo de abrir o meu próprio negócio.

Como eu disse, nessa época eu estava começando a trabalhar com investimento em ações e pensava que entendia alguma coisa. Então, na ânsia e euforia de começar a investir aquele dinheiro, eu comecei a seguir algumas estratégias que não funcionaram e só me deram prejuízo. Também fui atrás de dicas dos tais especialistas da época, os "gurus do mercado", alguns analistas de corretoras, e por aí vai. Nada disso funcionou direito. Além do mais, cometi vários erros por falta de experiência, e fiz um monte de besteira que nem vale mencionar. Isso tudo, claro, só me deixou frustrado e inseguro, mas foi o suficiente para me fazer cair na real. O lado bom é que, embora eu tenha perdido dinheiro, foi uma pequena quantia se comparada ao tanto que aprendi sobre o que não se deve fazer ao investir em ações. Eu sabia que não podia comprometer esse dinheiro, pois ele era tudo o que o meu pai tinha e, além disso, era a semente para realizar meu sonho de empreender um dia.

Ficou evidente para mim que eu estava agindo errado quando escutei de um famoso educador financeiro americano que "ninguém vai cuidar melhor do seu dinheiro do que você mesmo". E é verdade! Fazia muito sentido. Até porque eu nunca sabia quais eram os verdadeiros interesses por trás das dicas e recomendações que eu vinha recebendo.

Lembro de uma vez que fui conversar sobre investimentos com meu gerente do banco e, para minha surpresa, percebi que ele pouco entendia do assunto. Ele só queria, na verdade, me empurrar os produtos do banco. Lembro que naquele mesmo dia ele me ofereceu um título de capitalização que prometia prêmios mensais, mas tinha uma rentabilidade inferior à da poupança. Talvez você já tenha passado por isso também. Naquele momento, ficou bem claro para mim que eu deveria aprender a pensar por conta própria. Não podia confiar em ninguém. Afinal, era o dinheiro da minha família que estava em jogo.

Esse fato me deixou ainda mais motivado a seguir o sonho de empreender e investir para ter maior liberdade financeira e não passar pelo que meu pai passou. Conseguir, um dia, trabalhar por opção, e não por obrigação, e me dedicar ao que me faz feliz. Trabalhar com o que eu gosto, com quem eu gosto, podendo impactar positivamente a vida de outras pessoas.

Essa era a chance da minha vida para realizar o meu sonho. Se eu não soubesse aproveitá-la, dificilmente teria outra. Se esse dinheiro não fosse bem aplicado, além de me sustentar, eu teria que sustentar os meus pais, porque meu pai não iria mais conseguir uma recolocação no mercado devido à idade. Só que nem tudo era notícia ruim.

Eu tive uma grande inspiração quando assisti a um vídeo do Tony Robbins em que ele dizia que a melhor forma de mudar sua vida é encontrar alguém que já conquistou aquilo que você quer e seguir o modelo dela, porém adaptando para a sua realidade. Então, segui esse conselho e resolvi descobrir quem eram as pessoas que realmente ganhavam dinheiro investindo em ações. Sempre me intrigou saber que apenas alguns poucos investidores ganhavam verdadeiras fortunas investindo em ações enquanto a maioria fracassava miseravelmente.

Era um sábado à tarde, eu estava em casa quando acessei o ranking da Forbes de pessoas mais ricas do mundo e encontrei o nome de Warren Buffett ocupando o primeiro lugar. Eu fiquei surpreso ao saber que ele tinha começado sua fortuna do zero, como investidor do mercado de ações, pois sempre pensei que fosse preciso começar com muito dinheiro.

Então, fui atrás para ver o que Buffett e outros investidores de sucesso tinham em comum, e os nomes começaram a aparecer. Lembro que numa noite, quando eu pesquisava sobre a vida de Warren Buffett, descobri que sua forma de investir era baseada nos ensinamentos de Benjamin Graham, um cara que tinha sido seu professor na Universidade de Columbia.

Descobri que Graham havia desenvolvido um método de investimento que dispensava passar o dia inteiro acompanhando o sobe e desce do preço das ações. Pronto! Esse foi o grande momento, minha grande descoberta. Eu tinha encontrado a origem de tudo. Também descobri que muitos dos grandes investidores do passado e da atualidade usavam o mesmo método de investimento. Todos eram originários da mesma filosofia, da mesma linhagem, por assim dizer, pois tinham os mesmos princípios. E o mentor de todos eles era Benjamin Graham.

A metodologia de Graham tinha como base a avaliação de indicadores fundamentalistas para escolher ações de boas empresas, e estava alinhada a um bom controle comportamental no mercado. Algo simples e acessível de ser feito, nada complicado. Descobri que essa filosofia de investimento vinha sendo usada há décadas, gerando resultados consistentes ao longo de todo esse tempo. Ela é tão simples que qualquer pessoa pode aprender — inclusive você e eu.

Procurei saber mais a respeito. Nessa mesma semana, comprei diversos livros e comecei a ler tudo o que podia sobre o assunto. Também comecei a ler sobre a vida dos grandes investidores.

Queria entender como eles pensavam, como encaravam o investimento em ações, e sabe o que descobri? Muitas das abordagens que realmente funcionavam eram contraintuitivas. Elas iam contra o senso comum, e o que mais me surpreendeu foi perceber que o que leva ao sucesso na Bolsa é fazer o simples.

Gostei dessa informação logo de cara, pois sou o tipo de pessoa que gosta de coisas simples e diretas. Inclusive, sou muito fã de uma famosa frase atribuída a Leonardo da Vinci: "A simplicidade é o último grau de sofisticação". Acho que essa frase define perfeitamente a essência de tudo o que aprendi, e também a minha forma de pensar hoje. De verdade, a ideia me pegou. O método que Graham havia desenvolvido fazia total sentido.

Só havia um problema: não existia uma forma fácil e barata de encontrar dados e indicadores fundamentalistas das ações listadas na Bolsa. Naquela época, em meados de 2005, o pequeno investidor era completamente desassistido pelos grandes players do mercado. Mas foi a partir dessa necessidade que surgiu uma ideia promissora: já que não existia solução acessível no mercado, alguém poderia criar uma. Foi então que eu e mais três amigos juntamos nossas expertises na área de investimentos e tecnologia da informação para preencher essa lacuna.

Esse projeto me deixou realmente confiante para investir o dinheiro da herança que meu pai havia recebido e garantir uma boa qualidade de vida para mim e minha família. Agora eu tinha um método a seguir baseado em princípios, e não em algo que dependesse da sorte. Era um método simples, seguro, usado e aprovado pelos maiores investidores do mundo. O que poderia ser melhor do que isso?

Naquele mesmo ano, 2005, resolvi abrir um clube de investimentos familiar seguindo os princípios de investimento que aprendi. E para colocar o método em prática, eu e meus sócios criamos um sistema automatizado de seleção e análise de ações que ajudou na tomada de decisão de investimento. Com esse sistema particular, ficamos seguros para escolher as ações que iriam compor a carteira do nosso clube.

Iniciamos os aportes e, aos poucos, os resultados começaram a aparecer. Seguimos com disciplina a metodologia e controle emocional de não se deixar influenciar pelo humor do mercado. O clube chegou a bater alguns milhões de reais de patrimônio. Para que você tenha uma ideia, eu cheguei a triplicar meu capital no período de mais ou menos 6 anos, o que representa uma rentabilidade média de 20% ao ano no período. Assim, a situação do meu pai ficou sob controle, porque agora ele tinha um patrimônio para usar como aposentadoria, já que ele poderia utilizar os dividendos que as ações do clube pagavam para compor sua renda mensal.

Depois de dois anos investindo através do clube, consegui dar o grande passo de seguir o sonho de me tornar de fato empreendedor. Em 2007, pedi demissão e utilizei parte do capital que havia investido para abrir meu próprio negócio. Aquele sistema automatizado de seleção e análise de ações, antes restrito, se tornou público. Assim nasceu o GuiaInvest, que surgiu, inicialmente, como um site com dados e indicadores fundamentais para ajudar o pequeno investidor a tomar as melhores decisões por conta própria, sem depender de ninguém.

De lá para cá, muita coisa aconteceu: criamos uma comunidade de investidores, desenvolvemos treinamentos on-line, montamos uma equipe de especialistas e aperfeiçoamos nossas ferramentas de seleção e análise de ações. Ao longo desses mais de 14 anos de história, formamos milhares de investidores por todo o Brasil e em mais 27 países. Atualmente, mais de 450 mil pessoas estão cadastradas na plataforma e 36 milhões de pessoas são impactadas pelo conteúdo que geramos através de vídeos, artigos e palestras on-line. Hoje, o GuiaInvest está mais preparado do que nunca para transformar a vida financeira de milhões de brasileiros. Essa é a minha missão como fundador e meu comprometimento com você. Estamos juntos nessa caminhada.

O fato é que quando você faz o seu trabalho com prazer e com o objetivo de ajudar as pessoas, além de fazer bem-feito, você ajuda a construir um mundo melhor. Isso é missão de vida. Quando você trabalha somente em troca do dinheiro, isso é um tipo moderno de escravidão.

Durante essa jornada eu aprendi muito e passei a acreditar em coisas que antes pareciam impossíveis. Hoje, acredito que investir dinheiro de forma inteligente pode ser simples e tem o poder de mudar para melhor a vida de qualquer pessoa, da mesma forma que mudou a minha e da minha família. É o que vem acontecendo diariamente com as milhares de pessoas que já ajudei.

Além disso, acredito que investir dinheiro é uma forma de valorizar o esforço do nosso trabalho. E de fato, como descobri lá no início da minha jornada e procuro repassar para todo mundo, eu acredito que ninguém cuidará melhor do seu dinheiro do que você mesmo.

Ao longo dos anos investindo meu próprio dinheiro e ensinando outras pessoas a investir o delas, percebi duas coisas:

1. O processo de investimento precisa ser simples, caso contrário, as pessoas comuns não conseguem aderir;

2. Sofisticar o processo de investimento não necessariamente traz melhores resultados, mas com certeza toma mais tempo dos investidores e aumenta desproporcionalmente o risco.

Diante dessas observações, o método que eu estava desenvolvendo teria que demandar o mínimo de esforço do investidor. Esse processo deveria ser feito da forma mais simples possível, mas não tão simples a ponto de perder a efetividade. Eu cheguei a essa conclusão com base na minha experiência de 16 anos como investidor, na observação da abordagem dos investidores de sucesso, nos estudos de caso que realizei com alguns dos mais de 450 mil membros da comunidade do GuiaInvest e, por fim, com base nas diversas simulações que realizei com ações reais.

Para buscar os melhores retornos, eu fui a fundo e testei fórmulas complicadas, cálculos matemáticos avançados, estudei teorias financeiras sofisticadas, li alguns dos acadêmicos de finanças mais renomados. Inclusive, fiz uma especialização em finanças e economia na UFRGS para descobrir como simplificar esse processo. No entanto, apesar de todo esse esforço, confesso que a única coisa que eu consegui foi tornar tudo mais complicado.

Então, resolvi fazer diferente: ao invés de adicionar complexidade ao processo de investimento, resolvi subtrair. E assim fiz até chegar no que considerei ser o ponto ideal, porque eu acredito que **a perfeição é alcançada não quando não há mais nada para adicionar, mas quando não há mais nada que se possa retirar.** Descobri que, quando se trata de investir em ações com o intuito de acumular patrimônio, o menos é mais.

Também encontrei inspiração na Regra de Pareto, que diz que 20% das causas geram 80% dos resultados. Essa regra foi descoberta por um economista italiano chamado Vilfredo Pareto, nascido na metade do século 19. O engraçado é que essa regra se encaixa perfeitamente na filosofia de investimento que eu tanto buscava encontrar.

Assim, cheguei ao termo *KISS*, que é um acrônimo para *Keep Investing Simple and Safe*. Traduzindo, seria mais ou menos como: **"Siga investindo de forma simples e segura"**. Desde então, adotei esse termo para consolidar o que considero ser o método mais simples, eficaz e seguro para uma pessoa comum trilhar o caminho da liberdade financeira investindo em ações.

Se você está lendo este livro, é porque deseja conquistar sua liberdade financeira, certo? Caso você ainda não entenda muito bem o que esse conceito significa, deixei-me explicar. A minha definição de liberdade financeira consiste na ideia de que você possa viver de modo confortável apenas com os rendimentos gerados por seus investimentos.

Isso significa que você não vai mais depender de uma renda ativa para viver. Em outras palavras, você não vai precisar trabalhar para pagar as contas. Você vai alcançar a liberdade financeira quando seus rendimentos cobrirem com folga um padrão de vida bastante confortável para você e sua família. Fez sentido?

Contudo, para chegar nessa condição, as pessoas precisam seguir o seu próprio caminho, sem delegar essa tarefa para terceiros. Para mim, a pessoa que melhor vai cuidar das suas finanças é você mesmo, por isso, eu sempre acreditei na ideia de que mais importante que entregar o peixe é ensinar a pescar. É claro que, no começo, entregar o peixe pode ser bom, mas, a longo prazo, o melhor mesmo é que você aprenda a pescar. Lembre-se do provérbio chinês que diz: "Dê um peixe a um homem e você o alimentará por um dia. Ensine-o a pescar e você o alimentará por toda a vida".

É como criar um filho. Você cria seu filho para que ele se torne independente, e não para que dependa de você pelo resto da vida. Essa é a essência do método KISS. E essa é a minha proposta para você com este livro.

Na primeira parte, você vai conhecer com profundidade os princípios de toda a metodologia. Essa seção é a base filosófica que irá nortear tudo o que você vai aprender ao longo do livro. Na segunda parte, você vai conhecer a verdade oculta sobre o investimento em ações. Vamos tratar dos mitos da Bolsa de Valores, dos erros que os investidores cometem e de toda a dinâmica do mercado de ações que não é revelada nos cursos e livros tradicionais. Por fim, na terceira parte você vai entender com detalhes como funciona o Método KISS aplicado às ações.

Há cerca de 2.400 anos, o filósofo grego Platão narrou o que ficou conhecido como O Mito da Caverna, uma história que ilustra bem o que está prestes a acontecer com você durante a leitura deste livro.

Imagine uma prisão subterrânea onde as pessoas ficam amarradas ao mesmo lugar desde a infância e onde tudo o que conseguem ver são sombras (ocasionadas por uma fogueira) das pessoas e objetos que estão fora daquele lugar. O cárcere é tão eficiente que elas nem percebem que estão presas e pensam que o mundo é aquele monte de sombras que veem.

Repentinamente, um dos prisioneiros foi liberto. Andando pela caverna, ele percebe que havia pessoas fora dali e uma fogueira projetando as sombras que ele julgava ser o mundo que conhecia. Ao encontrar a saída da caverna, ele tem um susto ao deparar-se com o mundo exterior, o mundo verdadeiro. A luz solar ofusca sua visão e ele se sente desamparado, desconfortável e deslocado.

Aos poucos, sua visão acostuma-se com a luz e ele começa a perceber a infinidade do mundo e da natureza que existe fora da caverna. Ele percebe que aquelas sombras, que ele julgava ser a realidade, eram, na verdade, cópias imperfeitas de uma pequena parcela da realidade.

Da mesma forma como no Mito da Caverna, eu acredito fortemente que os próximos capítulos serão reveladores, já que este livro tem o propósito de apresentar a verdade a você.

DEPOIS QUE VOCÊ ACORDAR PARA ESSA NOVA REALIDADE, SUA VIDA NUNCA MAIS SERÁ A MESMA.

DESEJO A VOCÊ UMA EXCELENTE LEITURA.

OS PRINCÍPIOS DO MÉTODO KISS

PARTE 01

CAPÍTULO 1
OS TRÊS POTES DA ORGANIZAÇÃO FINANCEIRA

Existem muitas pessoas que se sentem mal em gastar dinheiro. Elas costumam poupar cada centavo, cada troquinho que sobra, e ficam ali, contando as moedas. São aqueles a quem chamamos de sovina, mão-de-vaca, pão-duro e por aí vai. Para essas pessoas, a economia é algo tão sério que, se preciso for, elas cortam até o cafezinho do dia a dia. A meu ver, esse não é um comportamento muito saudável. Você conhece alguém assim? Devo admitir que eu mesmo já fui um pouco assim no passado. Também já convivi próximo de pessoas que agiam dessa forma.

No outro extremo, existem aqueles que gastam tudo que têm e o que não têm, se endividando para manter um padrão de vida que não têm condições de manter. Esse é outro comportamento bem comum. Muita gente por aí tem esse perfil. É o caso, por exemplo, da pessoa que mora num baita apartamento e paga uma prestação altíssima de financiamento, comprometendo o orçamento até com gastos essenciais. Ou da pessoa que está sempre trocando de carro, mas nunca compra à vista, só financia, pagando uma prestação alta, e está sempre apertada de grana. Esse comportamento também não é nem um pouco saudável.

Contudo, no meio do caminho, entre um extremo e outro, entre o pão-duro obsessivo e o gastador desenfreado, temos o tipo moderado, aquelas pessoas que até têm algum dinheiro investido para o futuro, mas que não possuem o que nós chamamos de reserva de emergência. E aí, quando alguma eventual emergência aparece, elas são obrigadas a resgatar e usar aquele dinheiro que estava reservado para o futuro, a aposentadoria, a liberdade financeira, e começar tudo de novo, do zero.

Perceba como ser pão-duro, gastar mais do que pode e não ter uma reserva de emergência são grandes erros que você pode cometer ao lidar com seu dinheiro. Se você deseja acumular patrimônio para atingir a tão sonhada liberdade financeira, deve se organizar para encher três potes: o pote da reserva de emergência, o pote das recompensas e o pote da liberdade financeira.

✳

1º POTE
RESERVA DE EMERGÊNCIA

No pote da reserva de emergência você vai colocar um dinheiro que servirá para cobrir os gastos que não estavam previstos em seu orçamento, como uma multa de trânsito inesperada; um aumento de curto prazo no condomínio, caso você more em apartamento; um reajuste no valor das contas de água e luz, e por aí vai. Esse dinheiro também pode ser usado para comprar um presente numa data especial, pagar eventuais consertos na sua casa ou apartamento e outros imprevistos que possam surgir. Por isso que ele leva esse nome: reserva de emergência. Por fim, esse pote também servirá para cobrir seu custo de vida básico por um curto período, caso você perca o emprego ou esteja impossibilitado de trabalhar por alguma razão.

Talvez você esteja se perguntando quanto de dinheiro devemos guardar no pote da reserva de emergência, e a minha resposta é: bom, depende. Se você tiver um emprego mais estável — como é o caso dos servidores públicos, por exemplo — ou uma vida mais previsível, o valor da reserva pode ser menor. Agora, se você tem uma vida profissional mais instável, em termos de renda, como é caso dos profissionais autônomos, então será preciso considerar uma reserva maior.

Recomendo que você tenha um limite máximo para essa reserva, como um, três, seis ou doze meses de salário, por exemplo. Também pode ser um valor fixo, como 5 mil, 10 mil, 20 mil, 100 mil. Enfim, cada um sabe da própria situação financeira e do valor que poderá separar para essa reserva.

Na tabela a seguir você pode ter uma noção do quanto precisaria juntar, dependendo do caso. Por exemplo: digamos que o seu custo de vida mensal seja de 3 mil reais e você se sinta confortável com uma reserva de três meses. Nesse caso, você teria que guardar 9 mil reais. Agora, digamos que você tenha um custo de vida de 5 mil mensais e, portanto, acredita que uma reserva de seis meses seja o suficiente. Nesse caso, é importante que você tenha acumulado 30 mil reais.

Custo de vida (R$)	Reserva financeira (R$)		
	3 meses	6 meses	12 meses
3.000,00	9.000,00	18.000,00	36.000,00
5.000,00	15.000,00	30.000,00	60.000,00
10.000,00	30.000,00	60.000,00	120.000,00
15.000,00	45.000,00	90.000,00	180.000,00
20.000,00	60.000,00	120.000,00	240.000,00

O importante é que o pote da reserva de emergência tenha um valor máximo limite. Quando o valor for atingido, você deve parar de colocar dinheiro lá e só voltar a guardar se a quantia diminuir em função de gastos com imprevistos. Por exemplo, se o seu objetivo é ter três meses de salário na reserva de emergência e você separar 5% do seu salário todo mês, vai demorar pelo menos 5 anos para que o pote fique cheio. Portanto, se você tiver condições, eu recomendaria, primeiro, montar essa reserva antes de pensar nos outros potes que trataremos mais adiante.

Agora, você deve estar se perguntando: onde colocar o dinheiro da reserva de emergência? A primeira coisa que você precisa saber é que essa reserva precisa atender três critérios básicos: 1º) ter juros pós-fixados, ou seja, sua rentabilidade precisa estar atrelada à taxa básica de juros (Selic ou CDI) — se você ainda não sabe o que é taxa Selic, não se preocupe porque ainda vamos falar sobre isso; 2º) ter baixo risco de crédito, ou seja, baixo risco de o emissor ir à falência ou te dar um calote; 3º) ter alta liquidez, isto é, ser fácil de resgatar a qualquer momento.

Lembre-se que o objetivo do dinheiro desse pote é cobrir imprevistos, e não multiplicar sua renda. É por isso que as aplicações para reserva de emergência devem ser ultraconservadoras. Nada de correr riscos aqui, combinado? Mais adiante vamos falar com mais detalhes sobre os tipos de investimentos que você vai usar para montar sua reserva de emergência.

Neste momento, anote qual é o seu custo de vida atual, quantos meses de salário você gostaria de reunir no pote da reserva de emergência e quais situações da sua realidade se encaixam nesta categoria:

Reserva financeira (R$)		
Custo de vida atual (R$)	____ meses	Destino da reserva de emergência

2º POTE
RECOMPENSAS

Muita gente acredita que não é possível conciliar a ideia de guardar dinheiro e aproveitar a vida. Ou é uma coisa, ou outra. Muitas dessas pessoas ou costumam poupar ao máximo, sendo muito sovinas, ou se endividam para consumir mais do que efetivamente podem, como já comentei no início deste livro. No entanto, no Método KISS nós acreditamos que é possível alcançar a liberdade financeira e aproveitar a vida ao mesmo tempo. Assim, é essencial que você consuma os bens e serviços que deseja, e é aí que entra o pote das recompensas. Todo dinheiro guardado nesse pote é para ser gasto. Você pode — e deve — usá-lo sem culpa com o que quiser: planejar uma viagem, jantar num lugar especial, comprar roupas novas, presentes ou o que desejar. Esse pote é para você se dar pequenos luxos.

Sugiro a você utilizar o dinheiro desse pote sempre que quiser comprar alguma coisa à vista. Caso não tenha nenhuma finalidade específica, recomendo que você use periodicamente. Pode ser a cada três ou quatro meses, por exemplo. O importante é gastar o dinheiro guardado ali. Fazer isso vai passar uma mensagem positiva para o seu cérebro. Uma mensagem de que todo esforço é recompensado. E essa atitude ajudará você a se manter nos trilhos da jornada rumo à sua liberdade financeira.

  O valor a ser colocado nesse pote vai depender se o dinheiro ali guardado terá uma finalidade ou não. Se tiver, você terá que decidir, de acordo com o seu orçamento, qual a quantia que será reservada todo mês. Se não tiver, tente colocar algo em torno de 5% de sua renda mensal, se possível — mas sempre com bom senso, é claro. Fazendo isso, em três meses você terá acumulado 15% do salário e poderá gastar esse dinheiro como quiser. Se em um mês você conseguir guardar somente 1% da sua renda mensal, não tem problema nenhum. O importante é colocar dinheiro nesse pote todo mês; a quantia não é tão relevante assim. Digamos, por exemplo, que sua renda mensal seja de 3 mil reais e você consiga separar 5% para o pote das recompensas. Dessa forma, em três meses você terá 450 reais para usar como quiser, mas, em um ano, terá 1.350 reais. Esse valor pode parecer pouco no início, mas ao longo do tempo você consegue juntar uma bela grana para curtir como bem entender. O ponto aqui é que, podendo usufruir de alguns prazeres ao longo da vida, você não irá desanimar na sua jornada para se tornar livre financeiramente, e economizar dinheiro não parecerá algo tão sacrificante.

O lugar onde você vai colocar o dinheiro do pote das recompensas deve seguir a mesma lógica do pote da reserva de emergência. Veja que aqui também o seu objetivo não é multiplicar capital, mas manter poder de compra para desfrutar de alguns prazeres durante a caminhada. Mais adiante eu também vou falar com mais detalhes sobre onde aplicar o dinheiro desse pote.

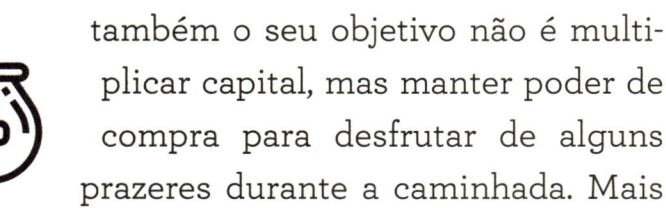

Agora, anote a seguir quais são os seus desejos de consumo neste momento, aqueles itens ou experiências que você está aguardando uma brecha para poder se presentear. Registre também quanto isso vai custar, para você saber quanto dinheiro colocar nesse pote:

_____
_____
_____
_____

Agora vamos para o pote mais importante de todos, que é o tema central deste livro: o pote da liberdade financeira.

3º POTE
LIBERDADE FINANCEIRA

Esse é o pote que vai lhe proporcionar a liberdade financeira, que também podemos chamar de aposentadoria. É o conceito de você poder viver exclusivamente dos rendimentos provenientes dos seus investimentos, sejam eles quais forem. Esse é o grande norte de qualquer pessoa que investe dinheiro — ou, pelo menos, deveria ser. Talvez você ainda não tenha consciência disso, mas o maior desejo, o objetivo principal que todo investidor deve mirar é o de alcançar a liberdade financeira definitiva.

No pote da liberdade financeira é que serão guardados os ativos que formarão o seu patrimônio. Para Robert Kiyosaki, o patrimônio de um indivíduo mede a sua riqueza, e neste livro vamos nos inspirar na definição de patrimônio dada pelo autor de *Pai rico, pai pobre*:

Os ativos são tudo aquilo que você possui que se valoriza com o tempo e/ou gera rendimentos, por exemplo: ações, imóveis, terrenos, títulos públicos ou privados, cotas de fundos de investimento, moedas, metais preciosos, obras de arte raras, negócio próprio etc. Em outras palavras, é tudo aquilo que pode trazer dinheiro no futuro e torná-lo mais rico, ou seja, mais próximo de alcançar a liberdade financeira.

Por outro lado, os passivos são tudo aquilo que te tira dinheiro e que te torna mais pobre. Em outras palavras, tudo aquilo que não se valoriza e/ou gera despesas, como o seu smartphone, seu carro, sua casa própria ou a casa na praia, condomínio, seguro do carro, gasolina, roupas, eletrodomésticos etc.

Quanto maior for seu patrimônio, mais rico você será. Pessoas ricas têm um patrimônio grande, enquanto pessoas pobres têm um patrimônio pequeno. Simples assim. O segredo para enriquecer é comprar ativos e usar a renda gerada por eles para pagar seus passivos. Essa é uma outra maneira de explicar o conceito de liberdade financeira.

Considere o seguinte exemplo: você compra um imóvel e aluga para terceiros por R$ 2.000,00. Com o valor desse aluguel, você paga a escola do seu filho. Outro exemplo: você investe em fundos imobiliários e recebe 500 reais todo mês dos dividendos dos fundos. Com esse valor, você paga o condomínio do apartamento onde mora.

Veja que esse conceito não tem nada a ver com o quanto você ganha. Você pode receber um salário alto e gastar tudo, vivendo endividado. Nesse caso, você é pobre. Por outro lado, você pode receber um salário baixo e poupar grande parte todo mês, comprando ativos regularmente e aumentando seu patrimônio. Nesse caso, você é rico.

Perceba que o seu patrimônio vai crescer dentro do pote da liberdade financeira para, um dia, lhe gerar uma renda passiva que cubra, com folga, seus custos de vida. A ideia é nunca tirar dinheiro desse pote, você apenas vai colocar mais a cada mês. Bom, e qual é o percentual que você deve colocar nesse pote todo mês? Minha recomendação é que seja, no mínimo, 10%. O ideal é que você consiga aumentar essa taxa o quanto puder ao longo dos anos, até o limite em que se sinta confortável. Quanto mais você conseguir poupar e investir, mais rápido seu patrimônio vai crescer. Você pode estar se perguntando em quais ativos deve investir para compor esse pote, e isso é o que vamos ver mais adiante. Tem muita coisa legal pela frente.

Agora, pense no seu futuro e da sua família. Quanto você considera que seja uma renda mensal suficiente para prover suas necessidades e vontades no futuro? Com quantos anos você pretende se aposentar? É importante você anotar essas projeções e ter essa clareza neste momento em que está iniciando sua jornada como investidor.

_____

_____

_____

_____

Por fim, pense nesses três potes como um tripé. Nenhuma haste para de pé sozinha, e nem mesmo duas hastes se sustentam sem uma terceira. Se você tiver somente um ótimo pote para reserva de emergência e um para as recompensas, nunca será livre financeiramente. Se você tiver uma reserva de emergência e um pote da liberdade financeira, você não irá aproveitar a caminhada, e poupar pode acabar se tornando uma tarefa desagradável. Por fim, se você tiver somente o pote das recompensas e o da liberdade financeira, tanto a sua liberdade quanto o seu lazer serão comprometidos diante do primeiro contratempo. O equilíbrio do todo depende de cada pote, e um ou dois potes não sustentam o todo na falta de algum.

CAPÍTULO 2
FUNDAMENTOS DO ACÚMULO DE RIQUEZA

Quando se fala em acumular riqueza, ou acumular patrimônio, existem dois pilares fundamentais que fazem o seu patrimônio crescer: o pilar da quantidade de dinheiro investido e o pilar dos juros compostos.

Esse é um conceito bem simples de entender: seu patrimônio cresce devido ao dinheiro novo — que vamos chamar de aportes — que você investe ao longo do tempo. Acredito que isso seja bastante óbvio para você. Bom, no entanto, esse dinheiro também cresce pelo efeito dos juros compostos, que são os juros dos juros, os juros dos juros dos juros, e assim por diante.

Para começo de conversa, é importante mencionar que nenhum investidor de sucesso que conseguiu acumular muito dinheiro investiu somente uma vez na vida e depois nunca mais. Para se tornarem investidores bem-sucedidos e alcançar a liberdade financeira, essas pessoas têm o saudável hábito de investir seu dinheiro regularmente. Essa é uma disciplina essencial na sua jornada da liberdade financeira, e recomendo fortemente que você tenha o hábito de investir uma parte das suas economias todo mês, caso contrário, as chances de você chegar lá são menores.

Isso nos leva para uma questão bastante evidente: você precisa poupar para investir. Para isso, é muito importante dar atenção à sua capacidade de economizar dinheiro, que nada mais é do que a quantidade de dinheiro que você poupa dividido pela quantidade de dinheiro que você ganha. Quanto maior for esse resultado, mais dinheiro você está conseguindo poupar.

Por exemplo: alguém que tenha uma capacidade de economia de 15% e receba 4 mil de salário vai conseguir poupar 600 reais todo mês. No entanto, você pode economizar 15% de um salário de 4 mil ou de um salário de 10 mil. E aí eu te pergunto: qual dos dois salários você preferiria receber? Imagino que a resposta seja óbvia.

Aqui está uma das grandes sacadas da acumulação de riquezas: para obter uma renda maior e economizar mais dinheiro todo mês, você precisa se dedicar ao seu trabalho, sua profissão. É ele que mantém o seu padrão de vida hoje, e é daí que vem a maior parte do dinheiro que você usa para investir. Eu sei que parece contraintuitivo e estranho falar isso num livro sobre liberdade financeira, mas essa é a pura verdade, e poucas pessoas mencionam isso por aí.

Que fique bem claro o seguinte: a função dos investimentos é rentabilizar as economias provenientes do seu trabalho para que um dia você possa alcançar a liberdade financeira e viver de renda. No entanto, existem pessoas que largam sua profissão para se dedicar integralmente aos seus investimentos pessoais, e isso costuma ser uma **PÉSSIMA IDEIA**. A maior parte do seu tempo deve ser gasta na sua profissão, e não nos seus investimentos. O seu foco deve ser crescer profissionalmente, para que, assim, você possa ganhar mais e, automaticamente, economizar mais.

Bom, mas quem economiza dinheiro não deve simplesmente guardá-lo embaixo do colchão — e eu espero de verdade que você não esteja fazendo isso —, e sim investi-lo, ou seja, aplicar em ativos de valor para receber juros. Se você não investe seu dinheiro, ele não irá crescer.

Por isso, é muito importante que você entenda o segundo pilar da acumulação de riquezas: os juros compostos, e gostaria de começar fazendo uma pergunta: qual dessas alternativas você prefere, receber 1 milhão de reais hoje ou receber 1 centavo hoje e dobrar o seu valor a cada dia durante 30 dias?

Se você é como a maioria das pessoas, deve ter escolhido a primeira opção. Mas, adivinhe: a opção correta é a segunda! Difícil de acreditar, né? Mas veja, nesta tabela, como o seu patrimônio evolui ao longo de um mês se você receber 1 centavo hoje:

Dia	Valor (R$)	Dia	Valor (R$)	Dia	Valor (R$)
1	0,01	12	20,48	23	41.943,04
2	0,02	13	40,96	24	83.886,08
3	0,04	14	81,92	25	167.772,16
4	0,08	15	163,84	26	335.544,32
5	0,16	16	327,68	27	671.088,64
6	0,32	17	655,36	28	1.342.177,28
7	0,64	18	1.310,72	29	2.684.354,56
8	1,28	19	2.621,44	30	5.368.709,12
9	2,56	20	5.242,88	31	10.737.418,24
10	5,12	21	10.485,76		
11	10,24	22	20.971,52		

Ao final de 31 dias, você teria quase 11 milhões de reais! É claro que você não pode esperar ganhar 100% ao dia com seus investimentos, isso não existe. A ideia do exemplo foi apenas mostrar o efeito dos juros compostos, para que você entenda a importância que eles têm no processo de acumulação de riqueza.

O fato é que se você não entender o poder dos juros compostos, você nunca vai conseguir alcançar a liberdade financeira. Veja o que Albert Einstein falou sobre os juros compostos:

> "Os juros compostos são a oitava maravilha do mundo porque permitem uma confiável e sistemática acumulação de riqueza. Quem entende, recebe. QUEM NÃO ENTENDE, PAGA."

Os juros compostos são simplesmente os juros que você recebe de seus juros. Isso permite que você acumule ganhos exponenciais de retorno ao longo do tempo, como se fosse uma bola de neve rolando montanha abaixo.

Vamos ver agora um exemplo fictício. Os investidores A e B investiram 50 mil reais há 25 anos e conseguiram obter um incrível retorno de 20% ao ano durante todo esse tempo — essa taxa é apenas para fins didáticos. No entanto, tivemos uma pequena diferença de atitude entre eles: o investidor A optou por reinvestir todos os lucros — ou podemos também chamar de juros — durante todos os anos. Já o investidor B optou por gastar os lucros dos primeiros 5 anos, e só a partir do 6º ano é que ele passou a reinvestir os lucros.

Ano	Patrimônio do investidor A (R$)	Patrimônio do investidor B (R$)
1	50.000,00	50.000,00
2	60.000,00	50.000,00
3	72.000,00	50.000,00
4	86.400,00	50.000,00
5	103.680,00	50.000,00
6	124.416,00	60.000,00
7	149.299,20	72.000,00
8	179.159,04	86.400,00
9	214.990,85	103.680,00
10	257.989,02	124.416,00
15	641.959,23	309.586,82
20	1.597.400,00	770.351,08
25	3.974.842,36	1.916.880,00

Veja, na tabela anterior, que ao final do 5º ano o investidor A acumulou R$ 103.680,00, enquanto o investidor B continuava com os 50 mil iniciais porque resolveu gastar os 10 mil que ele recebeu todo o ano durante os primeiros 5 anos.

Veja que, do 5º para o 6º ano, o investidor A teve um lucro de R$ 20.736,00, enquanto o investidor B teve lucro de 10 mil. A partir desse ponto, ambos seguem na mesma estratégia de reinvestir os lucros. Agora, vamos ver o que acontece com esses investimentos ao final do ano 25.

Note que, ao final do período, o investidor B, que gastou todos os juros ou lucros nos primeiros 5 anos, acumulou um patrimônio de 1,9 milhão, enquanto o investidor A acumulou 3,9 milhões. Ao tomar a simples decisão de não gastar os lucros de 10 mil reais por ano obtidos nos primeiros 5 anos de investimento, o investidor A chegou ao final do período com 2 milhões de reais a mais que o investidor B. Essa é uma diferença tremenda e mostra o quão poderoso é o poder dos juros compostos.

Vejamos, agora, uma outra forma de enxergar o poder dos juros compostos. No início, seu patrimônio cresce devagar em termos absolutos, mas, com o tempo, demora cada vez menos para ganhar a mesma quantia. Por exemplo, se você começar hoje a investir 5 mil reais a 20% ao ano, os primeiros 5 mil de juros virão após 46 meses de investimento; os próximos 5, em 27 meses; os próximos 5, em 19 meses; e assim por diante. Isso faz com que o seu patrimônio cresça expressivamente com o passar do tempo.

Você conhece a história do bambu chinês? O bambu chinês é uma planta que, depois de plantada a semente, não se vê nada por aproximadamente 5 anos – exceto um pequeno broto. Todo o crescimento dele é subterrâneo; é uma complexa estrutura de raiz que cresce e se estende vertical e horizontalmente pela terra. Então, ao final do 5º ano, o bambu chinês cresce até atingir a altura de 25 metros.

O fato é que muitas coisas na vida pessoal e profissional são iguais ao bambu chinês. Você trabalha, investe tempo, esforço, faz tudo o que pode para nutrir seu crescimento e, às vezes, não vê nada por semanas, meses ou até mesmo anos. Mas, se tiver paciência para continuar trabalhando, persistindo e nutrindo, o seu 5º ano chegará, e com ele virão mudanças que você jamais esperava. Então, veja como a história do bambu chinês se assemelha muito com o efeito dos juros compostos nos investimentos.

O efeito dos juros compostos é realmente espetacular, mas poucas pessoas chegam a usufruir de seus benefícios, por não terem paciência. Elas não reinvestem os lucros, não sabem escolher bons investimentos, confundem especulação com investimento e, por fim, não diversificam seus investimentos.

Veja a seguir essa outra simulação, para fortalecer a ideia do poder que os juros compostos têm sobre o seu processo de acumulação de riqueza. Nessa simulação, o investidor começou seus investimentos com o capital inicial de 5 mil reais, e aportou 200 todo mês com uma rentabilidade média de 20% ao ano.

Anos	Patrimônio (R$)	Aportes (R$)
1	8.613,00	7.400,00
5	31.885,00	17.000,00
10	98.783,00	29.000,00
15	265.246,00	41.000,00
20	679.459,00	53.000,00
25	1.710.155,00	65.000,00

———————— ✳ ————————

Ao final do primeiro ano, os juros correspondem a 14,1% do patrimônio total acumulado (R$ 8.613,00), enquanto a quantidade de dinheiro aplicado corresponde a 85,9%. Claro, no começo a maior parte do patrimônio é oriunda dos aportes porque o impacto do poder dos juros compostos ainda é pequeno. Contudo, com o passar dos anos, essa balança tende a pesar para o lado dos juros.

Veja que ao final de 5 anos os juros já respondem por 46,7% do patrimônio do investidor, enquanto a quantidade de dinheiro investido representa os outros 53,3%. Ou seja, do patrimônio acumulado de R$ 31.885,00, quase metade é juros, e o restante corresponde aos aportes de 200 reais mais o capital inicial de 5 mil.

No entanto, após 25 anos de investimento os

Juros (R$)	Porcentagem de aportes	Porcentagem de juros
1.213,00	85,9%	14,1%
14.885,00	53,3%	46,7%
69.783,00	29,4%	70,6%
224.246,00	15,5%	84,5%
626.459,00	7,8%	92,2%
1.645.155,00	3,8%	96,2%

juros passam a representar 96,2% do patrimônio do investidor, enquanto o capital investido até o momento representa somente 3,8%. Ou seja, do total de R$ 1.710.155,00 acumulados no final do período, somente 65 mil é de capital investido; todo o resto é fruto do efeito dos juros compostos.

Agora você entende por que o enriquecimento leva tempo e por que você precisa ter paciência? Porém, para se beneficiar dos juros compostos, não basta apenas investir em qualquer coisa e esperar sentado. Você precisa escolher bons investimentos, diversificar seu patrimônio e não confundir especulação com investimento. Não se preocupe, não é difícil. Mais adiante você verá que, na verdade, é muito mais fácil do que a mídia e o imaginário popular te fizeram acreditar.

CAPÍTULO 3

A IMPORTÂNCIA DE ECONOMIZAR E INVESTIR REGULARMENTE

A capacidade de economizar, ou taxa de economia pessoal, é a porcentagem da sua renda mensal que você economiza para o pote da liberdade financeira, ou seja, aquilo que você não gasta. Por exemplo: se você tem um salário de 5 mil reais e uma taxa de economia pessoal de 10%, você consegue poupar 500 reais por mês para o pote da liberdade financeira. Se a sua taxa de economia pessoal for de 15%, você irá poupar 750 reais por mês.

A taxa de economia pessoal é muito importante por dois motivos muito simples:

1. permite atingir a liberdade financeira mais rapidamente;

2. aumenta o seu padrão de vida no futuro.

Vamos começar falando do primeiro ponto: a taxa de economia é o fator que fará você alcançar a liberdade financeira mais rapidamente, e a razão é a seguinte: quanto maior for a sua taxa de economia pessoal, mais disposto a viver com uma renda menor você estará. Além disso, você também estará guardando mais dinheiro para cobrir essa renda menor.

Veja uma analogia com a pesca: se um pescador é capaz de pescar dez peixes num único dia, mas consome apenas um, ele poderá passar nove dias sem pescar. Agora, se ele consumir dois peixes por dia, terá que voltar a pescar seis dias depois, e se consumir cinco peixes por dia, terá que retomar a pescaria no terceiro dia se não quiser passar fome.

A mesma coisa acontece com o seu salário. Quanto mais você guardar, maior será a sua tranquilidade de manter seu padrão de vida no futuro. Acredito que isso faça bastante sentido para você. Quanto maior for a sua taxa de economia pessoal, mais dinheiro você guardará por mês. Economizando mais dinheiro, o seu patrimônio aumenta mais e mais rápido, e o seu patrimônio aumentando mais, sua renda passiva também aumentará. Com uma renda passiva maior, você poderá viver melhor na aposentadoria, com um padrão de vida mais elevado. Contudo, há uma desvantagem em ter uma taxa de economia pessoal alta: quanto maior for essa taxa, menor será o seu padrão de vida atual, porque você gastará menos dinheiro no presente.

Assim, você deve estar se perguntando: qual é a taxa de economia pessoal ideal?

Em um extremo, temos as pessoas que poupam muito pouco e que provavelmente nunca irão atingir a liberdade financeira. No outro extremo, temos as pessoas que poupam quase tudo o que ganham. Essas pessoas costumam ser sovinas, pão-duras, mas atingem a liberdade financeira mais rapidamente.

	Taxa de Economia Pessoal	
	Baixa	Alta
Padrão de vida no presente	Alto padrão	Baixo padrão
Padrão de vida no futuro	Baixo padrão	Alto padrão
Prazo para atingir a liberdade financeira	Prazo longo	Prazo curto

Veja que nesta tabela podemos observar que existe um custo de oportunidade. Para uma taxa de economia baixa, o padrão de vida no presente é alto, mas o padrão de vida no futuro tende a ser baixo e o prazo para a liberdade financeira é longo.

No GuiaInvest, plataforma digital de seleção e análise de ações, defendemos que você tenha uma taxa de economia mínima de 10%. Esse percentual é um ótimo valor para começar, e é a base do livro mais antigo de finanças pessoais, *O homem mais rico da Babilônia*, de George Samuel Clason:

> "O ouro vem de bom grado e numa quantidade crescente para toda pessoa que separa não menos que um décimo de seus ganhos, a fim de criar um fundo para si próprio e para sua família."

Você deve começar com 10%, obrigatoriamente, e aumentar essa porcentagem até o valor com que se sinta confortável. O que quero dizer com isso é que você deve atingir uma taxa de economia razoável, que não vá te privar muito dos prazeres da vida. Para você descobrir a sua taxa de economia ideal, comece com 10% no primeiro mês e vá aumentando aos poucos: no segundo mês, aumente para 12%. Dá para aumentar mais? Então no terceiro mês aumente para 14%. Dá para aumentar ainda mais? Então aumente para 16% no quarto mês, e assim por diante. Provavelmente, você descobrirá que conseguirá poupar mais do que

10%, e que muitos dos gastos que você tem hoje são, na verdade, supérfluos que não trazem mais felicidade na sua vida.

Muita gente me pergunta o seguinte: "André, onde eu invisto o dinheiro que tenho guardado?" Para encontrar essa resposta, você precisa se fazer as seguintes perguntas:

1. Eu vou investir somente esse dinheiro e nunca mais vou colocar nada?

2. Além de investir esse valor inicial, vou guardar mais dinheiro todo mês e investir regularmente?

Se você respondeu sim à primeira pergunta e pretende investir somente esse valor inicial e mais nada, a minha orientação é que você leia este livro até o final para mudar de ideia. Por que digo isso? Porque se você for investir somente o dinheiro que tem guardado, provavelmente não vai mudar muita coisa na sua vida. De verdade. Mesmo que seja um valor significativo. Vamos aos números para que você entenda o que eu quero dizer.

Digamos que você decida investir suas economias guardadas e consiga uma rentabilidade de 5% ao ano acima da inflação, o que é considerado muito bom. Nesse caso, a tabela a seguir mostra o patrimônio final acumulado, já descontada a inflação, ao final de 25 anos, mais a renda mensal estimada, considerando um rendimento de 6% ao ano de dividendos. (Não se preocupe se você ainda não entende bem o que são rendimentos e dividendos. Vamos falar sobre isso mais adiante.)

Investimento inicial (R$)	Patrimônio final (R$)	Renda mensal estimada (R$)
10.000,00	33.863,55	169,32
50.000,00	169.317,75	846,59
100.000,00	338.635,49	1.693,18
200.000,00	677.270,99	3.386,35

Mesmo que você tenha 200 mil reais guardados e seja um ótimo investidor, você terá uma renda mensal de R$ 3.386,00 em 25 anos. Não é ruim, mas com certeza o seu padrão de vida vai diminuir se você tiver que viver com esse valor quando estiver velho, ainda mais se considerarmos que na velhice os gastos com remédios e planos de saúde são mais altos. Se você ganhasse hoje uma aposentadoria nesse valor, se sentiria confortável de largar tudo e viver somente com essa renda? Acredito que não, afinal você quer e pode mais do que isso, não é verdade?

Agora, se você, além de investir suas economias atuais, for disciplinado e guardar 400 reais por mês para investir, sua renda no futuro será muito maior. Veja que se você começar somente com 10 mil e aplicar 400 reais todo mês, você chega a uma renda mensal estimada de R$ 1.340,79. Agora, veja que, se iniciar com um capital maior, de 200 mil, você chegará a R$ 4.557,82 de renda mensal estimada, 36% superior à renda sem aplicação mensal.

Investimento inicial (R$)	Patrimônio final (R$)	Renda mensal estimada (R$)
10.000,00	268.157,36	1.340,79
50.000,00	403.611,56	2.018,06
100.000,00	572.929,30	2.864,65
200.000,00	911.564,80	4.557,82

Agora, vamos imaginar que você consiga aportar mil reais todos os meses ao longo de 25 anos. Nesse caso, a coisa fica muito mais interessante porque você pode atingir uma renda mensal entre 3 mil e 6 mil reais, dependendo de quanto capital investiu no começo.

Investimento inicial (R$)	Patrimônio final (R$)	Renda mensal estimada (R$)
10.000,00	619.598,07	3.097,99
50.000,00	755.052,27	3.775,26
100.000,00	924.370,01	4.621,85
200.000,00	1.263.005,51	6.315,03

Assim, lembre-se sempre disto: economizar dinheiro constantemente e investir regularmente é uma das coisas mais importantes que você deve fazer para atingir a liberdade financeira.

É importante esclarecer algo: não há problema em aumentar o custo de vida, desde que você também aumente o seu percentual de aportes. Por exemplo: digamos que você tenha uma renda mensal de 10 mil reais e consiga economizar mil (10%) para investir. Então, seu custo de vida é de 9 mil. Agora, digamos que você foi promovido e começou a ganhar 20 mil reais por mês. Se você mantivesse o mesmo aporte de antes, poderia aumentar o seu custo de vida para 19 mil, mas essa não seria uma atitude muito inteligente, concorda? Uma abordagem mais inteligente nesse caso seria você aumentar o percentual de aportes, no caso passar para 25%, por exemplo, o que corresponde a 5 mil reais, cinco vezes mais do que na situação anterior. Além disso, você ainda poderia aumentar o seu padrão de vida para 15 mil por mês, olha que incrível! Nesse caso hipotético, você aumentou os aportes e também aumentou o padrão de vida. Isso sim é uma atitude inteligente.

Quanto ao princípio de investir regularmente, podemos traçar um paralelo com algumas coisas cotidianas da nossa vida, como cultivar uma planta. Para que uma pequena muda de laranjeira cresça e se torne uma árvore grande e esplendorosa, cheia de laranjas, você precisa cuidar, regar e proteger regularmente. Não adianta simplesmente plantar a muda, jogar água uma vez e abandonar, esperando que daqui a 10 anos a laranjeira esteja grande e vigorosa, concorda?

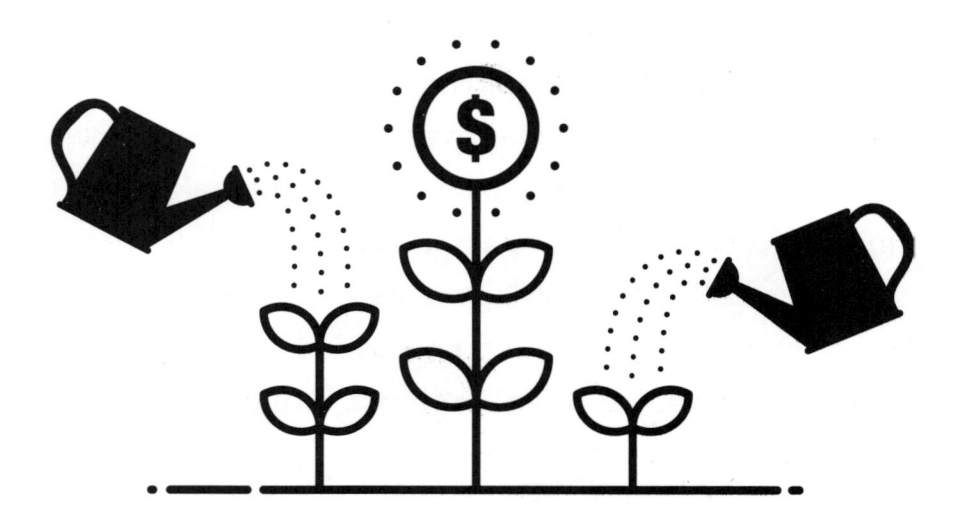

CAPÍTULO 4
PRIORIZE O SEU TRABALHO PARA GANHAR MAIS

Existem pessoas que, quando começam a investir, ficam tão entusiasmadas com o mundo dos investimentos que passam a dedicar cada vez mais tempo para monitorar o mercado, escolher ações, debater na internet, ler notícias e se informar. Já outros ficam tão deslumbrados que pensam seriamente em abandonar sua profissão para se dedicar exclusivamente aos investimentos no mercado financeiro.

O ponto aqui é que está tudo bem você desejar conhecer mais sobre investimentos e buscar aprender cada vez mais. O problema, porém, é que isso demanda tempo. Em outras palavras, isso tem um preço. Não é um custo financeiro, mas, ainda assim, envolve um prejuízo: quando você escolhe usar uma grande parte do seu tempo livre para aprender mais sobre investimentos, acaba deixando de passar mais tempo com sua família e fazer aquilo que gosta.

Então, qual é a vantagem de se aprofundar nesses conhecimentos? Bom, a maioria das pessoas que passa muito tempo cuidando dos investimentos espera obter uma rentabilidade alta no mercado de Renda Variável (investimento em ações e fundos imobiliários, para ser mais específico), bem acima da média.

A rentabilidade é a taxa com que o seu patrimônio cresce, e ela está intimamente ligada aos juros compostos. Quanto maior seu valor, mais rápido seu patrimônio irá crescer. Por exemplo, a rentabilidade da renda fixa costuma ser dada por uma regra fixa, como esta:

- 8% ao ano;
- 0,5% ao mês + taxa referencial;
- IPCA + 5%;
- 95% do CDI;
- 100% do CDI.

Para o mercado de Renda Variável, não existe uma regra que determine sua rentabilidade. Como o próprio nome já diz, esse valor é variável — e isso quer dizer que os números podem variar para cima ou para baixo.

Quando você dedica muitas horas do seu dia em busca dos maiores retornos nos seus investimentos, precisa lidar com dois grandes problemas:

1. Obter uma rentabilidade acima da média em seus investimentos é, de fato, muito difícil;

2. Mesmo que consiga uma rentabilidade alta, você provavelmente estaria mais rico se tivesse optado por trabalhar mais para ganhar mais dinheiro, ao invés de somente se dedicar aos seus investimentos. Mais adiante vou mostrar uma simulação e você entenderá o meu ponto.

Falemos, agora, do primeiro problema. Creio que seja racional pensar que todos nós gostaríamos de obter uma rentabilidade alta em nossos investimentos, mas a verdade é que nem mesmo os profissionais de mercado costumam conseguir isso de forma consistente. De tempos em tempos, surgem estudos demonstrando como os gestores profissionais de fundos de investimentos têm grande dificuldade de bater seus índices de referências, também conhecidos como *benchmarks*.

Por exemplo: um determinado fundo de ações busca bater o Ibovespa, ou seja, seu objetivo é entregar uma rentabilidade acima do seu índice de referência, que, nesse caso, é o Ibovespa. Para fundos de renda fixa, a meta, em geral, é bater o CDI. Contudo, obter retornos altos ao longo do tempo é extremamente difícil até mesmo para profissionais que respiram o mercado financeiro 24 horas por dia.

Normalmente, altas taxas de retorno costumam ser associadas aos maiores investidores do mundo. Veja, na tabela a seguir, os retornos anuais reais históricos aproximados de grandes investidores americanos:

Nome	Retorno anual composto (anos)
J. Greenbatt	45% (19)
Jim Rogers	38% (11)
Peter Lynch	29.2% (13)
George Soros	29% (34)
C. Munger	24% (12)
Warren Buffett	23% (54)
B. Graham	21% (20)
W. Schloss	20% (49)
S. Klarman	16.5% (25)
J. Templeton	15% (38)

Fonte: VANHAVERBEKE, Frederik. *Excess Returns: A comparative study of the methods of the world's greatest investors.* Harriman House, 2014.

Essas pessoas são investidores fora da curva. São considerados verdadeiros gênios dos investimentos. Além disso, essa é a atividade profissional deles. Você, como investidor amador, não pode esperar um retorno próximo desses valores, pois é muito pouco provável conseguir esse tipo de resultado ao longo de anos. Seria um sonho.

A boa notícia, no entanto, é que não há problema algum em obter um retorno menor. Na verdade, eu diria, inclusive, que você nem precisa dar muita atenção para a sua rentabilidade. Sabe por que eu digo isso?

Porque a sua profissão não é investir dinheiro. Sua profissão é ser médico, dentista, engenheiro, advogado, servidor público, psicólogo, jornalista etc. E tudo bem. Não há nenhum problema nisso. Os investimentos têm o poder de garantir o seu futuro e de gerar uma renda muito boa para você lá na frente, mas, para isso, você precisa focar no seu trabalho, e não nos seus investimentos. Isso nos leva ao segundo problema de se perder tempo demais com seus investimentos: o custo de oportunidade.

Se estiver absorvendo todos os ensinamentos deste livro, você deve se lembrar que o primeiro fundamento da acumulação de riqueza é a quantidade de dinheiro investido. O ponto é que sempre que você gasta tempo com seus investimentos, procurando aumentar sua rentabilidade, você deixa de focar no seu trabalho e em ganhar mais dinheiro através da sua profissão.

Tenha em mente que, ao dedicar muitas horas do seu dia aos investimentos, você pode, com isso, estar colocando em risco um investimento de centenas de milhares de reais, de dez anos ou mais, que levaram você a se tornar um profissional na sua área de atuação como médico, dentista, advogado, engenheiro, arquiteto etc. Ao invés de gastar tempo se aprofundando em finanças e investimentos, faça um curso novo para se aperfeiçoar em sua área. E, ao crescer profissionalmente, procure aumentar sua produtividade, ganhar uma promoção, abrir um negócio próprio. Dessa forma, você estará aumentando os aportes mensais nos seus investimentos.

Você é o seu maior ativo, o seu maior e mais importante investimento. Lembre-se de que você estudou a vida toda para exercer a profissão que tem hoje, e é isso o que você sabe fazer bem e deve continuar fazendo. Em outras palavras, não basta apenas conseguir uma rentabilidade alta nos seus investimentos, é preciso, também, ter uma rentabilidade tão alta a ponto de compensar o custo de você não estar focando na sua profissão e em ganhar mais dinheiro através do seu trabalho. Isso é praticamente impossível para a maioria das pessoas.

Imagine, por exemplo, um dentista que ganhe, em média, 200 reais a hora e reduz sua carga horária em 1 hora por dia para se dedicar a fazer *trading*, uma atividade que consiste em realizar operações de curto prazo na Bolsa com o intuito de obter lucros rápidos negociando ações. Esse dentista vai precisar ganhar, no mínimo, esses 200 reais por hora nos seus investimentos para compensar o tempo gasto com eles. Esse é o custo de oportunidade desse dentista. Em 1 mês, isso representará R$ 4.400,00 a mais para realizar aportes.

Agora vejamos, na tabela a seguir, uma simulação hipotética com dois amigos investidores, o Paulo e o Maurício, que tem a mesma profissão, a mesma idade, o mesmo padrão de vida e decidiram começar do zero.

Investidores	Paulo	Maurício
Renda mensal média	R$ 8.000,00	R$ 7.000,00
Dedicação ao trabalho	Alta	Baixa
Dedicação aos investimentos	Baixa	Alta
Rentabilidade anual	8%	12%
Aportes mensais	R$ 1.500,00	R$ 500,00

Paulo é um dentista de 40 anos de idade, casado e pai de uma criança pequena. Seu custo de vida é de R$ 6.500,00 mensais. Ele é muito dedicado à sua profissão e, por isso, despende menos atenção aos seus investimentos. Podemos dizer, portanto, que o Paulo é um investidor mediano. Sua rentabilidade é de 8% ao ano, mas, graças ao fato de ele se dedicar ao trabalho, sua renda média mensal é de 8 mil reais, o que lhe permite investir R$ 1.500,00 todos os meses.

Maurício é muito parecido com o Paulo: tem 40 anos de idade, custo de vida de R$ 6.500,00 mensais, também é dentista, casado e tem um filho pequeno. Mas as semelhanças, porém, terminam aqui. Diferente de Paulo, Maurício é menos dedicado à sua profissão de dentista porque passa muitas horas do seu dia monitorando o mercado de ações com o objetivo de investir melhor seu dinheiro. Podemos dizer que Maurício é um investidor de alto nível. Sua rentabilidade é de 12% ao ano. Porém, devido ao fato de ele se dedicar menos ao trabalho e mais aos investimentos, sua renda média mensal como dentista é de 7 mil reais, e, por isso, ele consegue poupar 500 reais todos os meses. Agora, vejamos a evolução do patrimônio dos dois no longo prazo.

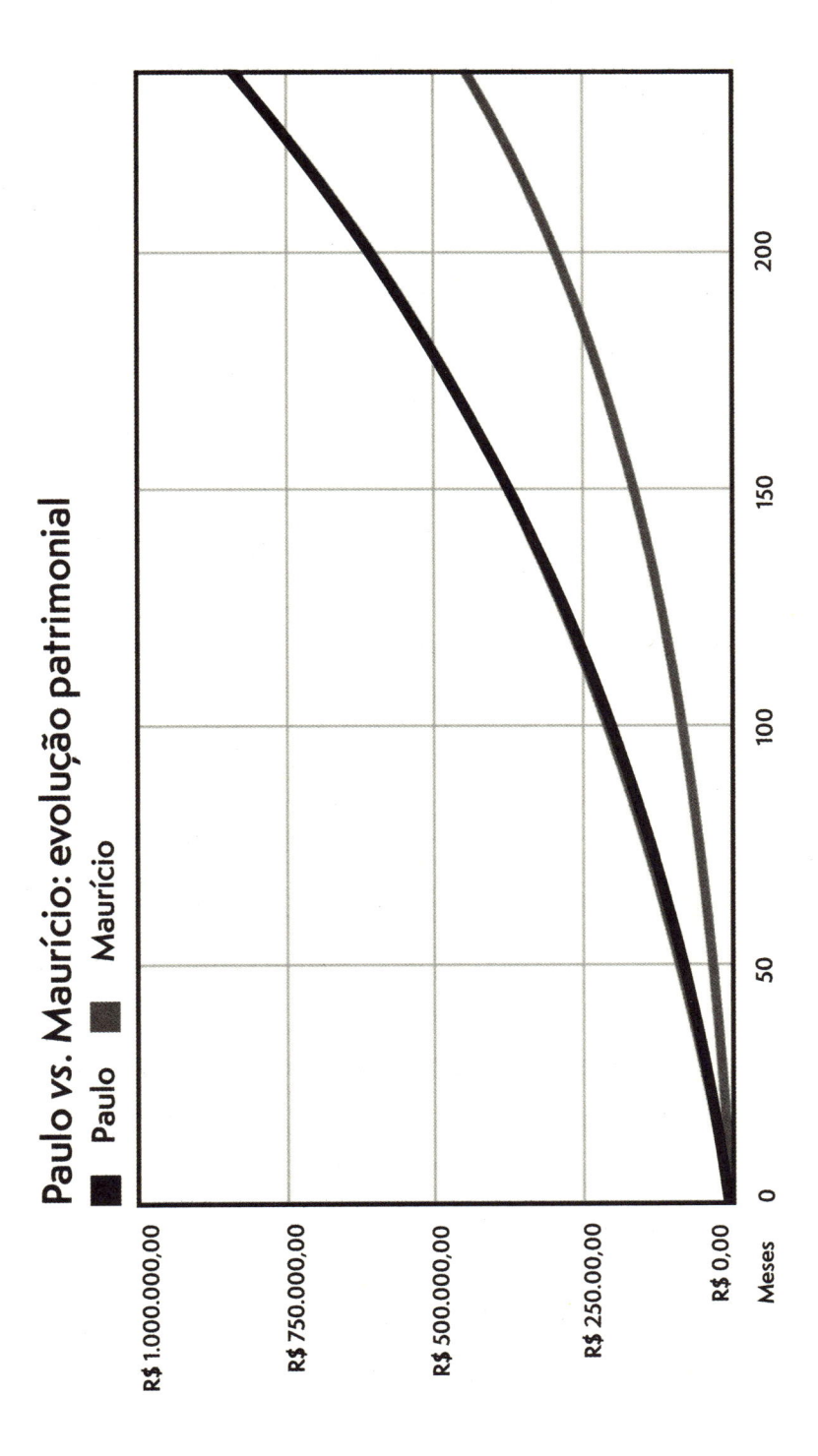

FIQUE RICO INVESTINDO DE MANEIRA SIMPLES

Paulo *vs.* Maurício: evolução patrimonial
■ Paulo ■ Maurício

R$ 1.000.000,00	
R$ 750.000,00	
R$ 500.000,00	
R$ 250.00,00	
R$ 0,00	
Meses	0 50 100 150 200

Veja que Paulo, apesar de ser não um investidor tão bom quanto Maurício, está sempre com um patrimônio maior. Depois de 20 anos investindo, ele alcançou um patrimônio de 853 mil reais, enquanto Maurício, que obteve uma rentabilidade superior, alcançou 455 mil, quase 400 mil reais a menos que Paulo.

Com base nessa simulação, gostaria que você pensasse no seguinte: qual das duas opções a seguir você acha que tem mais chances de proporcionar um grande patrimônio e renda para você no futuro?

Primeira opção: você dedica muitas horas do seu dia para os seus investimentos, ou, quem sabe, até larga o emprego para se tornar um investidor profissional e ser, talvez, o próximo Warren Buffett. Ou...

Segunda opção: você foca no seu trabalho, em crescer profissionalmente e em usar suas economias mensais para investir cada vez mais dinheiro.

Eu acredito fortemente que a segunda alternativa seja a melhor opção para 99% das pessoas. Dito isso, sugiro que você, a partir de agora, deixe um pouco de lado a palavra rentabilidade. No Método KISS, a rentabilidade dos seus investimentos será consequência das escolhas de bons ativos de valor.

Para que você entenda melhor, farei uma analogia com um jogo de futebol. A rentabilidade seria o placar, e os investimentos seriam a partida em si. No futebol, para ter um placar favorável, o jogador precisa jogar bem. O jogo vem antes do placar. Se o jogador ficar focado no placar, ele se esquecerá de jogar. E, se esquecer, verá o time adversário fazer um gol e o placar será desfavorável. Agora, se o jogador focar no jogo e esquecer-se do placar, seu time terá boas chances de ganhar a partida e o placar será favorável.

A maioria das pessoas encara os investimentos apenas olhando o placar, preocupadas em bater CDI, Ibovespa, em ter retornos de X%. Assim, elas desviam o foco para o que realmente importa. Por fim, no curto prazo você precisa focar no processo. Essa é a regra mais importante do investidor de longo prazo que busca conquistar a liberdade financeira. Se o processo é bom, os resultados também tendem a ser.

Esse fenômeno de olhar apenas a rentabilidade é muito comum no mercado de ações, quando as pessoas, movidas pela ganância, compram ações quando o mercado está subindo, porque a rentabilidade está em alta, e vendem na baixa, quando o mercado está caindo e a rentabilidade diminui. Como disse Seth Klarman, investidor em valor e autor do livro *Margin of Safety*, "estabelecer uma meta para uma determinada taxa de retorno é inútil. O investidor não precisa quebrar a cabeça e fazer hora extra a fim de alcançar maiores retornos em seus investimentos. Tudo o que ele deve fazer é seguir uma abordagem consistente e rigorosa. Mais cedo ou mais tarde, o retorno virá."

Portanto, focar no seu trabalho, na sua profissão, mostra-se importante por dois motivos:

1. Porque aumenta o seu padrão de vida hoje, o que significa que você terá uma vida mais próspera imediatamente;

2. Porque aumenta o seu padrão de vida no futuro, quando você se aposentar, alcançar a liberdade financeira ou simplesmente decidir trabalhar menos.

Quando foca em seu trabalho a fim de ganhar mais dinheiro, você tem duas escolhas: pode gastar mais ou poupar mais. Gastando mais, você vive melhor no presente, e poupando mais, você aumenta mais o seu patrimônio e poderá viver melhor no futuro, na aposentadoria, com uma renda maior. É um ganha-ganha. Simples assim. Por isso, repito: foque no que você sabe fazer bem. Cresça na sua profissão. Dedique-se ao seu trabalho.

CAPÍTULO 5
OS ATIVOS DE VALOR QUE VOCÊ DEVE INVESTIR

Algumas páginas atrás eu comentei que, para se beneficiar dos juros compostos, você deveria aprender a escolher ativos de valor. Contudo, para saber como fazer essa escolha, é importante entender o que são esses ativos e como saber se eles têm valor ou não.

Porém, antes de tratar desse assunto, é importante ressaltar que o conceito de ativo e passivo que usamos aqui é diferente do conceito contábil. Na contabilidade, todo ativo se refere aos bens e direitos, e todo passivo se refere às obrigações ou dívidas. Neste livro, no entanto, entenderemos ativos como tudo aquilo que você possui que pode te trazer dinheiro no futuro, deixando-o mais rico, e passivos como tudo aquilo que não gera renda. Isso quer dizer que os ativos devem atender dois quesitos básicos: preservar valor ou aumentar de valor ao longo do tempo — ou seja, se valorizar — e/ou gerar renda, que é a ideia de realizar pagamentos periódicos para o dono desse ativo.

Isso posto, existem inúmeros ativos nos quais você pode investir seu dinheiro, mas, no caso do mercado financeiro, para simplificar o raciocínio, há somente duas opções: ou você se torna proprietário, ou se torna um credor. Em outras palavras, ou você compra uma participação e se torna dono de algo, ou empresta dinheiro para alguém — no caso, uma empresa ou governo — com o objetivo de receber juros.

Para facilitar a compreensão, como exemplos do primeiro tipo podemos citar a compra de ações, de fundos imobiliários e de ouro. Como exemplos do segundo tipo temos os títulos públicos, CDBs de bancos, debêntures, Letra de Crédito Imobiliário (LCI), Letra de Crédito do Agronegócio (LCA) e a famosa caderneta de poupança.

Debênture é um título de dívida de empresas. Uma forma de as companhias captarem recursos no mercado. Na prática, funciona assim: o investidor empresta dinheiro para a companhia por meio da aquisição desses títulos — chamados de debêntures — e, em troca, recebe uma remuneração de acordo com o prazo e as taxas definidos no momento que a aplicação foi realizada.

A LCI é um investimento de renda fixa emitido pelos bancos com o intuito de financiar projetos, empreendimentos e atividades do setor imobiliário.

Esse investimento tem como característica principal a isenção do imposto de renda para o investidor.

Já a LCA é um título de crédito emitido por instituições financeiras públicas ou privadas com o intuito de obter recursos para financiar o setor agrícola. Quando o investidor adquire uma LCA, ele está emprestando dinheiro para o agronegócio e recebe, em troca, seu dinheiro acrescido de uma taxa de juros acordada no momento da aplicação. Assim como o LCI, esse tipo de título também é caracterizado pela isenção do imposto de renda.

Note como, de acordo com a nossa definição de ativo, nem tudo o que você adquire é, necessariamente, um ativo. Um carro de passeio, por exemplo, não pode ser considerado um ativo porque ele se desvaloriza com o passar do tempo e não gera renda — pelo contrário, gera somente despesas, como IPVA, seguro, gasolina, estacionamento, manutenção etc. Contudo, há de se considerar o seguinte: se alguém comprar um carro com a intenção de trabalhar como motorista de aplicativo, então, nesse caso, o carro é considerado um ativo, pois torna-se uma fonte de renda.

Roupas, eletrodomésticos, eletrônicos e outros bens de consumo também não são ativos, porque, como o próprio nome diz, eles são bens de *consumo*. Eles só desvalorizam e não lhe geram renda alguma.

Sobre a sua casa própria, ela é um ativo, pois é um bem que tende a manter ou agregar valor ao longo dos anos, apesar de não te gerar renda. No entanto, há pessoas que vendem sua casa própria para investir o dinheiro da venda, e preferem morar de aluguel. Nesse caso, e de acordo com as definições que estabelecemos aqui, esse imóvel é um passivo que não te ajudará a alcançar a liberdade financeira. Contudo, se você comprar uma casa com o objetivo de alugá-la para terceiros, o imóvel será um ativo nesse caso, porque, além de potencialmente se valorizar com o passar do tempo, ele gera renda através do recebimento dos aluguéis.

Neste momento, pare um pouquinho para pensar e anotar: quais são os seus principais ativos e passivos de acordo com a definição trabalhada aqui neste livro?

Registrar isso é importante para você ter clareza e se situar em relação ao seu patrimônio.

Principais ativos	Principais passivos

Agora, vale destacar que nem todo ativo é adequado para ganhar juros compostos. É o caso das moedas e metais preciosos. Se você adquirir um dólar hoje, ou uma barra de ouro, você sempre terá um dólar ou uma barra de ouro. Um dólar não pode gerar outro dólar, e uma barra de ouro também não gera mais ouro.

A única forma de ganhar dinheiro com esses investimentos é vendendo esses ativos a um preço maior do que o valor de compra. Esses ativos costumam ser adquiridos como reserva de valor em épocas de instabilidade econômica, para se proteger da inflação, por exemplo. Ou, então, são comprados com a intenção de especulação, e não de investimento.

Por sua vez, os títulos públicos e privados possuem juros compostos incorporados à sua estrutura, através de uma regra de remuneração pré-definida. As ações, no entanto, se beneficiam dos juros compostos indiretamente pelo crescimento dos lucros da empresa — que aumenta o preço da ação no longo prazo — e diretamente pelo reinvestimento dos dividendos — que é a parcela dos lucros distribuída aos acionistas.

Toda essa contextualização foi feita para que você entendesse bem o conceito de ativos. Isso feito, vamos, agora, diferenciar preço de valor. Sobre esse assunto, Warren Buffett deu a melhor definição que eu conheço:

> **"PREÇO É O QUE VOCÊ PAGA, VALOR É O QUE VOCÊ RECEBE".**

Por exemplo, quando você compra um imóvel por 800 mil reais, esse é o valor que você paga, mas o que você leva é sua localização, sua área, seus banheiros, seus quartos, a qualidade da construção do empreendimento e as comodidades do condomínio. Esse é o valor que você recebe.

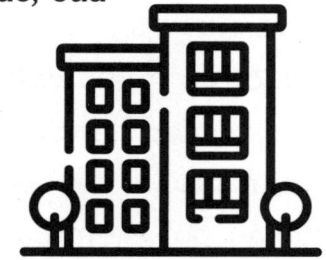

Para acumular riqueza e um patrimônio considerável, você precisa receber um grande valor de seus ativos. Na renda fixa, isso significa comprar títulos públicos do governo e/ou títulos privados de empresas sólidas e de grande reputação. Na renda variável, significa adquirir apenas ações de boas empresas, lucrativas, com dívida equilibrada e excelente gestão. Para imóveis, significa comprar um que seja bem localizado, com boa estrutura e administração.

De nada adianta, por exemplo, ter ações de empresas endividadas, com lucros e patrimônio negativos — os chamados "micos da Bolsa". O mesmo vale para imóveis mal localizados, em regiões malcuidadas, com péssimos inquilinos e má administração. No caso da renda fixa, é o equivalente a adquirir CDBs de bancos pequenos e sem reputação, ou debêntures de empresas que apresentam números ruins.

Todo esse panorama foi feito para mostrar o seguinte: sempre que fizer um investimento, garanta que esse ativo que você está adquirindo possui grande valor. Se você adquirir qualquer investimento sem fazer uma análise prévia, e sem saber se ele tem valor ou não, colocará sua liberdade financeira em risco. Mas não se preocupe, você não precisará de um diploma em finanças para ter esse discernimento. Pelo contrário, será mais simples do que pensa.

CAPÍTULO 6

REINVISTA OS LUCROS E VEJA SEU PATRIMÔNIO CRESCER MAIS RÁPIDO

Conforme mencionei no Capítulo 2, umas das formas de se beneficiar ainda mais do poder dos juros compostos é reinvestindo os lucros dos seus investimentos. Mas o que isso quer dizer na prática?

Reinvestir os lucros significa reaplicar os rendimentos recebidos dos seus investimentos atuais, sem gastá-los. Caso você seja proprietário de um imóvel que está alugado, a ideia é que você aplique o dinheiro desse aluguel em algum outro ativo. No caso das ações, você reinvestiria os dividendos, e assim por diante. Durante a fase de aumentar patrimônio, é importante que você reinvista todos os lucros que receber, pois isso fará com que você acumule ganhos exponenciais de retorno e, assim, amplie seu capital de forma ainda mais rápida.

Muitos investidores ficam tentados a gastar a renda dos seus investimentos, mas na fase de construir seu patrimônio o foco deve ser acumular riqueza. Quando atingir a liberdade financeira ou estiver mais próximo dela, aí sim você poderá gastar os seus dividendos do modo que quiser.

Enquanto isso não acontece, você deve usar os juros compostos a seu favor reinvestindo os lucros dos seus investimentos, e para o Método KISS, que tem como grande foco o investimento em ações, isso significa usar todos os dividendos e juros sobre capital próprio que você receber para comprar mais ações. Agindo dessa forma, o efeito dessa simples prática será o seguinte:

ANO 1: Você tem uma determinada quantidade de ações e a empresa paga um valor específico em dividendo por elas. Com esse dividendo recebido, você reinveste o valor comprando tudo em novas ações da companhia.

ANO 2: Agora, você inicia o segundo ano com uma quantidade de ações superior ao primeiro ano, uma vez que você reinvestiu os dividendos comprando mais ações. Se a empresa realmente for boa, a tendência é que ela continue aumentando seus lucros; logo, é esperado que o valor do dividendo pago por ação seja ainda maior e que você receba um valor superior ao recebido no primeiro ano. Então, com esse valor dos dividendos, você compra mais ações da companhia.

ANO 3: Você entra no terceiro ano com uma quantidade de ações superior àquela que tinha no início do segundo ano. Se a empresa é boa e continua reportando lucros crescentes, é esperado que o valor do dividendo por ação do terceiro ano seja maior que o do segundo. Assim, no terceiro ano, você receberá um valor em dividendos superior ao recebido no segundo ano porque terá uma quantidade maior de ações, e o dividendo pago por ação também será maior. Então, você pega esse valor dos dividendos recebidos e compra mais ações da companhia.

A dinâmica se repete com o passar dos anos, fazendo com que o seu patrimônio cresça exponencialmente. Essa é a lógica do reinvestimento dos lucros ou dividendos. E, para deixar a ideia ainda mais clara, vou demonstrar essa lógica com números num exemplo hipotético bem simples que preparei especialmente para você que está me lendo.

Imagine um investidor que comprou mil ações da empresa ABC pelo preço de 100 reais cada. Logo, ele investiu 100 mil reais. A empresa ABC está indo bem e tem reportado lucros crescentes todos os anos, o que permitiu a ela distribuir dividendos anuais que cresceram 10% ao ano. Para fins didáticos, o preço das ações aqui citado não mudará ao longo dos anos.

ANO 1: No início do ano 1, o investidor comprou as mil ações da empresa ABC ao valor de 100 reais cada e recebeu, ao longo daquele ano, dez reais de dividendos para cada ação, ou seja, um total de dez mil reais. Quando recebeu esse valor, o investidor logo comprou 100 novas ações ao preço de 100 reais cada, e chegou ao final desse primeiro ano com 1.100 ações da empresa ABC.

ANO 2: No início do ano 2, o investidor, que até então detinha 1.100 ações da empresa ABC, recebeu, ao longo daquele ano, onze reais por ação de dividendos, totalizando a quantia de R$ 12.100,00. Perceba que o dividendo por ação foi maior no segundo ano porque a empresa reportou lucros maiores e, assim, pôde aumentar o valor do dividendo distribuído. Ao receber esse valor, o investidor imediatamente comprou 121 novas ações ao preço de 100 reais cada, totalizando os mesmos R$ 12.100,00 que havia ganhado, e fechou o ano com um total de 1.221 ações da empresa ABC.

ANO 3: Ao longo desse terceiro ano, o investidor

Ano	Quantidade de ações no início do ano	Dividendo por ação (DPA) (R$)	Total de dividendos recebidos (R$)
1	1.000	10,00	10.000,00
2	1.100	11,00	12.100,00
3	1.221	12,10	14.774,10
4	1.369	13,31	18.217,94
5	1.551	14,64	22.707,03
6	1.778	16,11	28.634,72
7	2.064	17,72	36.571,00
8	2.430	19,49	47.354,76
9	2.904	21,44	62.241,15
10	3.526	23,58	83.141,40

recebeu, de dividendos, R$ 12,10 por ação, o que dava R$ 14.774,10 ao todo, uma vez que ele detinha 1.221 ações da empresa ABC. Veja que o dividendo por ação foi maior que no segundo ano porque a empresa reportou lucros maiores e pôde aumentar o valor do dividendo distribuído. Ao receber esse valor, o investidor imediatamente comprou 148 novas ações ao preço de 100 reais cada, totalizando os R$ 14.774,10 que havia ganhado. Ao final do terceiro ano, esse investidor já acumulava 1.369 ações da empresa ABC, o que representava um patrimônio financeiro de R$ 136.874,10.

Quantidade de novas ações compradas	Quantidade de ações no final do ano	Preço da ação (R$)	Valor financeiro total das ações (R$)
100	1.100	100,00	110.000,00
121	1.221	100,00	122.100,00
148	1.369	100,00	136.874,10
182	1.551	100,00	155.092,04
227	1.778	100,00	177.799,07
286	2.064	100,00	206.433,79
366	2.430	100,00	243.004,79
474	2.904	100,00	290.359,55
622	3.526	100,00	352.600,70
831	4.357	100,00	435.742,10

E assim o investidor seguiu essa dinâmica até chegar no ano 10. Nesse décimo ano, o investidor iniciou com 3.526 ações da empresa ABC. Perceba que lá atrás, no ano 1, ele havia começado com apenas mil ações e agora já estava com um número muito superior. Por conta disso, o valor dos dividendos que ele recebeu ao longo desse ano, R$ 23,58 por ação, totalizava R$ 83.141,40. Quando recebeu o dinheiro, o investidor imediatamente comprou 831 novas ações ao preço de cem reais cada, passando a acumular 4.357 ações da empresa ABC, o que representava um patrimônio financeiro de R$ 435.742,10.

Se você achou interessante a dinâmica do reinvestimento dos dividendos nessa simulação hipotética, acredito que vai gostar do exemplo com ações reais que vou mostrar agora.

EXEMPLO COCA-COLA

Nesta análise das ações da Coca-Cola, o período utilizado foi de 30 anos, de 1989 até 2019. Um investidor que tivesse aplicado 10 mil dólares em 1989 nas ações da Coca-Cola e não tivesse reinvestido os dividendos teria, ao final de 2019, o total de 164 mil dólares. Isso representa uma valorização total de 1.548%, o equivalente a 9,7% ao ano em média.

Agora, se esse investidor tivesse reinvestido todos os dividendos recebidos no período, ele teria, hoje, um patrimônio de 318 mil dólares, e sua rentabilidade total teria sido de 3.089%, o que equivale a 12,2% ao ano em média. Se esse investidor tivesse seguido o Método KISS e, além de reinvestir os dividendos, também tivesse aportado mensalmente a quantia de 300 dólares, hoje ele estaria com um patrimônio de U$ 1.278.043,00!

A diferença de quem reinvestiu os dividendos para quem não reinvestiu é de 93%. E a diferença entre quem reinvestiu e ainda aportou mensalmente foi superior a 301% em relação a quem não reinvestiu. Se fôssemos explicar o reinvestimento de dividendos para uma criança, seria possível traçar um paralelo com a natureza. Imagine que você tenha uma única e bela laranjeira e, ao colher cada laranja daquela árvore, você plantasse as sementes na terra e, assim, fosse aumentando o seu pomar: cada semente ia gerar uma nova laranjeira que, por sua vez, daria novas laranjas. Você simplesmente está colhendo o que plantou inicialmente e não precisa mais comprar nenhuma semente.

Apesar de todas essas explicações, você provavelmente deve estar se perguntando por que, para algumas empresas, o reinvestimento dos dividendos é mais poderoso do que para outras. Isso acontece quando as empresas possuem um percentual de distribuição de dividendos alto em relação ao seu lucro, o que é percebido, por exemplo, em empresas do setor elétrico e de saneamento básico. Esses setores são conhecidos por serem mais conservadores, e as companhias que fazem parte costumam ter uma distribuição de dividendos alta, já que precisam de menos investimentos e maior estabilidade de receitas.

Você pode argumentar que algumas empresas distribuem menos dividendos e, por isso, não são tão atrativas, mas isso não é necessariamente verdade. A companhia pode reter os lucros para reinvestir com uma rentabilidade alta, esperando, assim, aumentar os lucros futuros.

Quando eu comecei a investir em ações, lá em meados de 2004, pensava que os dividendos não eram importantes porque, na prática, eu recebia pequenos valores. Demorou um tempo até eu entender que era exatamente aquilo, aquela pequena quantia que caía na minha conta periodicamente, que ia fazer a diferença lá na frente.

O mais engraçado disso tudo é que, sempre que alguém me perguntava se era possível viver de dividendos, eu respondia que não, uma vez que, no início, os valores são irrisórios. A questão é que, depois de quase um ano, esse valor já começa a se tornar mais relevante, e dentro de mais um ano ou dois, os dividendos recebidos já poderão incrementar o seu aporte mensal. Se você seguir o método, em 5 anos verá que o valor em dividendos se torna ainda mais significativo e, em cerca de 10 anos, o valor recebido em dividendos poderá cobrir uma parte importante do seu custo de vida.

É claro que essas estimativas foram pensadas grosso modo, mas servem para que você tenha uma noção dessa dinâmica. Dependendo da sua capacidade de aporte, esses números podem ser relevantes em bem menos tempo. A intenção é que, em algum momento, esse valor ultrapasse o seu custo de vida. Por isso, é crucial que você reinvista esses pequenos valores ao longo da sua jornada de acúmulo de patrimônio.

CAPÍTULO 7
ENTENDA A DIFERENÇA ENTRE INVESTIMENTO E ESPECULAÇÃO

Como você já deve ter percebido, para alcançar a liberdade financeira, é importante que você adquira ativos de valor — ou seja, ações. Com elas será possível fazer duas coisas: especular ou investir. Essas operações são completamente diferentes uma da outra, e é por isso que você precisa sempre ter bem claro o que pretende fazer com as ações que adquirir.

Para entender cada um dos conceitos, vamos começar falando sobre especulação. Antes de mais nada, é importante saber que uma operação de especulação tem prazo de validade. Pode ser de um dia, um mês, uma semana, um ano... Não importa. Se você colocou na cabeça que existe uma data de saída, então, você está especulando. Mesmo que a data de saída do investimento seja incerta, o especulador não vai hesitar de encerrar sua posição caso o mercado se apresente favorável, e isso nos leva ao segundo ponto:

o especulador está focado em ganhar dinheiro dentro de algum prazo estabelecido.

Na especulação, o que realmente importa é o preço de compra e venda. O especulador opera preço: se o preço de venda for maior do que o de compra, ele realiza o lucro para ganhar dinheiro; se for menor, realiza o prejuízo e perde dinheiro. A ideia é simples e parece atrativa, mas a verdade é que a especulação é uma operação extremamente difícil de se realizar com sucesso.

Do outro lado, temos o investimento, uma operação que, ao contrário da especulação, não tem data de saída. Seu prazo é sempre indeterminado. O foco do investidor é acumular ativos de valor no longo prazo para, um dia, poder viver da renda gerada por eles.

O investidor não ganha dinheiro, ele acumula patrimônio, pois o valor é mais importante que o preço. Como já disse Warren Buffett, preço é o que você paga e valor é o que você leva. Nesse caso, o valor é representado pelo conteúdo do ativo.

Se os seus investimentos têm valor, eles valem a pena e você não tem motivo para se desfazer deles. Se não têm valor, não há motivo para tê-los. É como quando você vai ao mercado: existem produtos baratos e outros mais caros, mas, independente do preço, você sempre escolherá o melhor produto quando puder pagar por ele.

Imagine uma pessoa que tenha um imóvel de 150 m² na Vila Olímpia, em São Paulo; ou no Leblon, no Rio de Janeiro; ou em qualquer outro bairro nobre das grandes metrópoles brasileiras. Essa pessoa provavelmente não consulta o corretor diariamente para saber qual é o preço que o mercado está pagando pelo imóvel dela. Ela sabe que seu imóvel tem valor, conteúdo e gera renda de aluguel. O investidor sabe que em 10, 20, 30 anos, o preço desse imóvel será bem maior do que o valor que foi pago no ato da compra.

Por fim, o investimento se beneficia dos juros compostos, porque o horizonte de investimentos é de longo prazo, e o investidor espera pacientemente até que esses juros comecem a fazer a diferença em seu patrimônio. Essa modalidade é, sem dúvida, bem menos arriscada que a especulação.

Como investidor, eu não acredito que a especulação seja um bom caminho para aqueles que desejam conquistar a liberdade financeira. As razões são muitas: é difícil, sai caro, somente uma pequena minoria tem sucesso e, além do mais, é algo que vai exigir muito da sua dedicação.

Pense comigo: se ganhar dinheiro rapidamente no curto prazo fosse assim tão fácil, todo mundo ficaria rico de uma hora para outra — mas isso, obviamente, não acontece; pelo contrário: a maioria das pessoas que especulam acabam com sérios prejuízos financeiros.

A verdade é que o mercado pode se mover para qualquer direção no curto prazo, e tentar adivinhar para onde ele vai é pedir para perder dinheiro. Não existe nenhuma pessoa nesse mundo que seja capaz de prever os movimentos de curto prazo do mercado, nem mesmo os profissionais.

Em seu livro *O investidor inteligente* — uma das bíblias do investimento em valor —, Benjamin Graham descreve a seguinte situação para provar que resultados esporádicos de alguns especuladores não significam nada: imagine dois lugares separados por 200 quilômetros de distância. Se você respeitar o limite de velocidade de 100 km/h, poderá percorrer essa distância em duas horas. Porém, se dirigir a 200 km/h, chegará do outro lado em 1 hora. Se estiver a 200 km/h e sobreviver, isso significa que você fez a coisa certa? Será que você ficaria seduzido a repetir a dose novamente só porque funcionou uma vez? O mesmo vale para jogos de azar: se você for a um cassino um dia e ganhar na roleta, isso prova que você é bom? Claro que não! Situações como essas só provam que você teve sorte, e nada mais do que isso.

Um estudo da FGV, realizado no início de 2019, mostrou que 97% das pessoas que realizam *day trading* — ou seja, operações no período de um dia — perdem dinheiro na Bolsa. Além do mais, nesse mesmo estudo foi constatado que fatores aleatórios são muito mais determinantes no resultado final do que a própria competência do operador. Em outras palavras, com sorte você ganha, com azar você perde.

Você quer confiar o seu futuro, sua liberdade, sua aposentadoria, na sorte? Eu imagino que não. Por isso, o importante é que você invista da maneira correta. Para que você tenha uma dimensão da nossa incapacidade de previsão no curto prazo, veja um estudo que fizemos dos últimos 50 anos da Bolsa e que mostra a variação do Índice Bovespa, considerado o termômetro do mercado de ações.

Frequência de observação	Probabilidade de a Bolsa ter subido
A cada dia (1 pregão)	55,2%
A cada semana (5 pregões)	57,4%
A cada mês (21 pregões)	62,3%
A cada 3 meses (63 pregões)	68,3%
A cada ano (252 pregões)	75,8%
A cada 3 anos (756 pregões)	87,9%
A cada 5 anos (1260 pregões)	91,8%
A cada 10 anos (2520 pregões)	99,9%

Observe os resultados apresentados. Se você tivesse tentado, por 50 anos, prever se a Bolsa iria ou não subir no dia seguinte, teria acertado 55% das vezes e errado nas outras 45%. Conforme o tempo de observação foi aumentando, a chance de ter visto a Bolsa em alta aumentou consideravelmente, o que mostra que, no longo prazo, investir em ações não é tão arriscado assim.

Talvez você esteja pensando que 55% é uma probabilidade boa para se tentar especular, já que a Bolsa mais subiu do que caiu em um dia. Contudo, há um grande problema: recuperar uma perda no curto prazo é muito mais difícil do que ganhar inicialmente. Para ilustrar essa ideia, veja um exemplo matemático simples: digamos que você especulou com dez mil reais e perdeu 10%. Agora, você tem nove mil reais. Qual o retorno que você precisa ter para recuperar os seus dez mil anteriores?

Perda						
1%	5%	10%	25%	50%	75%	90%
Recuperação						
1%	5%	11%	33%	100%	300%	900%

A resposta é 11%, um número superior aos 10% de perda. Isso nos mostra que essa diferença pode se tornar ainda maior quando lidamos com perdas maiores. Vamos imaginar que você tenha prejuízo de 50% dos dez mil investidos. Agora você ficará com apenas 5 mil, mas, para recuperar os outros 5 mil perdidos, você precisará de um retorno de 100%, ou seja, vai precisar dobrar o seu capital.

Esse exemplo deixa bem claro que recuperar uma perda é muito mais difícil do que ganhar inicialmente, e que, quanto maior for a perda, mais difícil será revertê-la, como você pode ver na tabela que analisamos. Se você der um passo para trás, precisará dar dois passos para frente para acabar no mesmo ponto. Por isso é tão importante evitar perdas em primeiro lugar.

Agora, você pode argumentar que é possível limitar suas perdas, assumindo o prejuízo rapidamente, e eu concordo. Contudo, pouca gente faz isso na prática, e o motivo é bem simples: as pessoas são avessas a perdas. Conforme os estudos verificados em finanças comportamentais já demonstraram, a dor de perder dinheiro costuma ser duas vezes maior, em intensidade, do que o prazer de ganhar a mesma quantidade. Assim, o especulador comum é muito mais relutante em vender uma posição em prejuízo. Contudo, como vimos, quanto maior a perda, mais difícil é recuperá-la.

A verdade é que especular é um jogo de soma zero. Para cada vencedor, há pelo menos um perdedor. Ray Dalio, um bilionário fundador do maior *Hedge Fund*[1] do mundo, disse o seguinte sobre especulação: "Eu tenho 1.500 empregados e 40 anos de experiência, e é difícil até para mim. Este é um jogo de pôquer com os melhores jogadores do mundo."

Não bastando uma probabilidade baixa de acerto e o fato de que recuperar uma perda é mais difícil do que ganhar inicialmente, existe uma espécie de pedágio para se tentar especular, ou seja, acaba ocorrendo um grande giro de patrimônio e que, por consequência, sai caro para o especulador.

Sempre que você compra ou vende um ativo, existem custos para concluir a transação. Quando você compra ou vende um imóvel, precisa pagar a corretagem, os impostos de transmissão, imposto sobre o ganho de capital no caso de vender com lucro, sua escritura e seu registro. No mercado de ações é semelhante: você paga a corretagem, a taxa de negociação, a taxa de liquidação e impostos, se obtiver lucros.

---

[1] O fundo de hedge, ou Hedge Fund, é uma categoria de fundo de investimento que utiliza estratégias mais arrojadas do que os fundos de investimentos tradicionais. O objetivo é maximizar o retorno para seus cotistas buscando rentabilidades superiores às de outros tipos de investimentos. Assim, estes fundos possuem maior liberdade para alocar recursos em diferentes classes de ativos, bem como aplicar variadas estratégias.

No momento em que você adquire um ativo ou se desfaz dele, seu patrimônio é reduzido pelo valor dos custos dessa transação. Esse giro de patrimônio é um vento que sopra forte contra o especulador. Nessa dinâmica de compra e venda frenética, o especulador gira o seu patrimônio e acaba pagando altas taxas para continuar especulando. Esses custos tornam a atividade de especular ainda mais difícil.

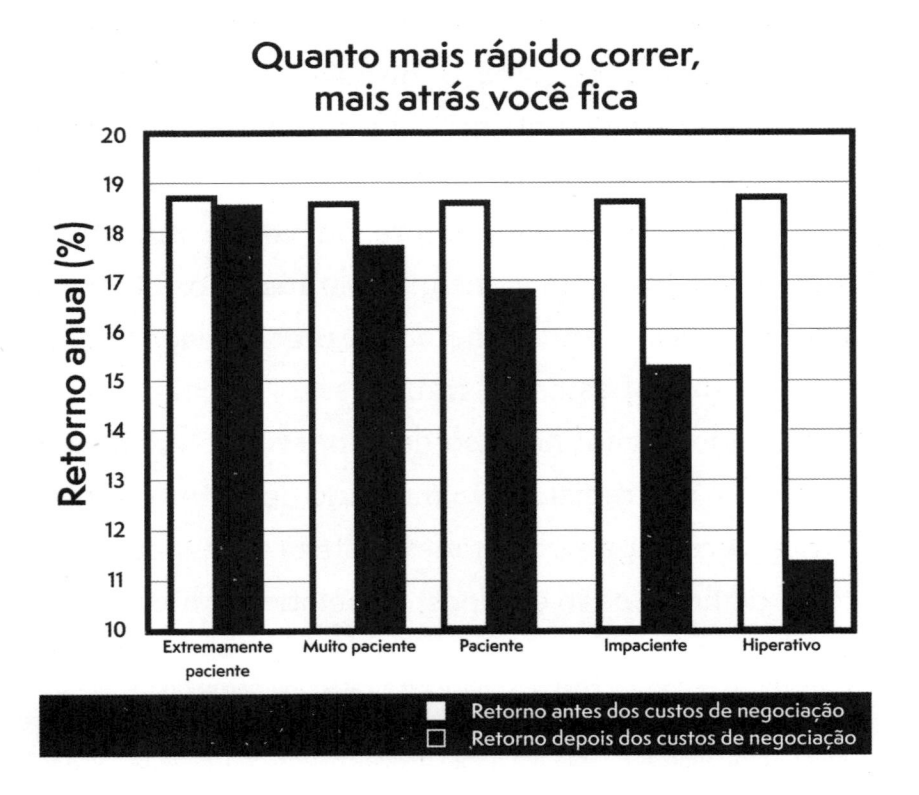

Quanto mais rápido correr, mais atrás você fica

Perfil	Retorno antes dos custos de negociação	Retorno depois dos custos de negociação
Extremamente paciente	18,7	18,6
Muito paciente	18,6	17,7
Paciente	18,7	16,8
Impaciente	18,7	15,3
Hiperativo	18,8	11,4

Fonte: GRAHAM, Benjamin. *O investidor inteligente*. São Paulo: Harper-Collins, 2003.

Veja essa imagem. A coluna branca representa o retorno de uma operação antes de taxas; e a coluna preta, o retorno após as taxas. Quanto mais para a direita, mais taxas o especulador pagou. Perceba que quanto mais impaciente você for, mais operações realiza, mais taxas paga — e pior é o retorno final.

Por último, gostaria de esclarecer que eu não tenho absolutamente nada contra os especuladores. A questão é que especular é uma profissão muito competitiva, onde só a elite da elite dos especuladores é que atinge bons resultados. Algumas poucas pessoas são capazes de ganhar muito dinheiro especulando, e George Soros, por exemplo, é uma delas. Ele já ganhou mais de 1 bilhão de dólares em uma única operação. Aquelas, porém, eram pessoas diferenciadas, muito talentosas, e únicas. E encaram a especulação como profissão.

Pense nessas pessoas como sendo o Neymar, Messi, Cristiano Ronaldo ou qualquer expoente de alguma área que você goste. Você reconhece que não pode jogar futebol tão bem como eles, mesmo treinando duro todos os dias? O mesmo acontece na especulação, pois apenas uma pequena porcentagem dos especuladores ganha dinheiro.

Seja sincero: você quer mesmo investir seu tempo aprendendo a especular como um profissional? Já imaginou todo o estresse que isso vai causar, todo o foco que você poderá perder no seu trabalho, na sua vida pessoal e, quem sabe, até na sua saúde? Não é para qualquer um.

Por isso, você deve parar de olhar para o preço dos ativos e passar a olhar para o valor deles. Todo o propósito de comprar ativos de valor — no caso, as ações de boas empresas — é fazê-los trabalharem para você para lhe gerarem dinheiro, e não o contrário.

Se você quiser especular, especule, mas tenha cuidado. Acredito que você deve encarar a especulação apenas como diversão, lazer, da mesma forma que você encara uma visita ao cassino ou um jogo de pôquer. Assim, pode apostar um pouco de dinheiro, um valor que você não se importa em perder na sua totalidade. Não há problema algum: se der lucro, ótimo; se der prejuízo de 100%, isso já estava dentro dos planos. John Bogle, fundador da Vanguard, disse certa vez que "por definição matemática absoluta, a especulação é um jogo de perdedores, e o investimento é um jogo de vencedores".

Agora que já falamos bastante de especulação, falemos sobre investimentos, pois é dessa forma que você irá acumular riqueza para gerar renda. Acredito que investir, ao invés de especular, é um caminho muito melhor para a maioria das pessoas alcançarem a liberdade financeira, pelos seguintes motivos: é menos arriscado, mais barato, mais fácil. Existem muitas pessoas que enriqueceram investindo no longo prazo, e investir é algo que exige bem menos tempo de acompanhamento. Investir é menos arriscado que especular. Isso é fato.

Vamos recapitular o estudo das variações do Ibovespa nos últimos 50 anos.

Ao ser mais paciente com seus investimentos, a chance de você ter um retorno positivo é muito maior. Quem esperou 3 anos obteve um retorno positivo em 88% das vezes nos últimos 50 anos. Já quem esperou 5 anos obteve um retorno positivo em 92% das vezes. Por fim, quem esperou 10 anos obteve um retorno positivo em 99,9% das vezes. Em janelas acima de 15 ou 20 anos ainda não se tem nenhuma verificação de retorno negativo no índice Bovespa.

Existe um outro fator que faz investir ser menos arriscado que especular, que é a renda do ativo. Como aprendemos, sempre que você adquire um ativo de valor, uma ação de uma boa empresa, você espera que ela se valorize, além de lhe gerar renda com dividendos no meio do caminho. Agora pergunto: você percebe como a renda que esse ativo gera não tem nada a ver com o seu preço de mercado? Tem a ver apenas com o seu valor.

Um imóvel que esteja bem alugado, com um inquilino confiável, pagará um fluxo mensal de aluguel, independentemente do preço. Se o setor imobiliário estiver em crise ou não, isso não é importante para a situação desse investidor, pois a única coisa que importa é se o inquilino irá pagar o aluguel em dia. O mesmo acontece no mercado acionário: se você tiver apenas ações de boas empresas, que geram lucros consistentes, receberá dividendos independentemente do movimento de curto prazo das ações. A empresa não quer nem saber se o mercado está de mau humor!

Como um investidor pensa em longo prazo, ele não se preocupa com preço e, por conta disso, acaba não girando patrimônio. Evitar o giro de patrimônio é o que torna o processo de investimento mais barato do que o de especulação. Quando você investe, não precisa vender ativos a toda hora, porque você irá permanecer com o ativo enquanto ele possuir valor. Assim, não paga impostos e corretagem.

Por isso, anote esta frase: nenhuma variável afeta tão positivamente os seus investimentos quanto o tempo. Digo isso porque existem várias pessoas que enriqueceram investindo a longo prazo — e, não estranhamente, os grandes bilionários investidores são pessoas de idade. No seu caso, você não precisa ficar bilionário para ter uma vida ultra confortável, mas veja que se esse for o seu objetivo, a variável tempo é indispensável. Eu posso citar vários nomes: Warren Buffett, Charlie Munger, Benjamin Graham, Walter Schloss, Peter Lynch, Joel Greenblatt, John Templeton. No Brasil também temos Luiz Barsi, Luiz Alves Paes de Barros. Enfim, todos esses são senhores com mais de 70 anos e todos eles são bilionários.

E qual o grande segredo por trás disso? Uma semelhança entre eles é que eles sempre adquiriram ativos de valor com o propósito de deixá-los trabalhando para si, e não o oposto.

Quando você adquire uma ação e a carrega por anos, os administradores das companhias estão trabalhando para você. Por isso, você deve escolher boas companhias, que já tenham um histórico de trabalho sério, de transparência de resultados.

Ao se tornar um investidor, a coisa mais importante é saber escolher ações de boas empresas. E as boas empresas têm algumas características em comum, como alta lucratividade, dívida equilibrada e gestão competente.

Por que investir em ações de boas empresas é mais seguro? A resposta é bem simples. O que faz mais sentido para você, se tornar sócio de um negócio que tem vendas crescentes, altas margens, baixo endividamento e grande *market-share* ou de um negócio que dá prejuízo, margens apertadas, alto endividamento e baixo *market-share*?

A parte boa é que uma vez isso feito, o acompanhamento desses investimentos passa a ser muito mais tranquilo e exige bem menos tempo. No Método KISS você verá que cuidar dos seus investimentos será muito tranquilo. Eu gosto de fazer uma analogia com um voo de avião: é nos momentos que antecedem a decolagem que o piloto precisa estar muito focado. Não que ele possa relaxar depois disso, mas seu trabalho é mais leve durante as horas no alto.

Nos investimentos, a parte mais importante é realmente quando você está escolhendo os seus ativos. Depois disso, o trabalho é muito menor e mais tranquilo, apenas de monitoramento. Por isso, reforço essa visão de comprar pequenas participações em empresas com o objetivo de participar do crescimento do negócio. Quando você adquire essas participações, está se tornando sócio dessas empresas, participando do crescimento e distribuição de seus lucros através dos dividendos.

Agora, falando sobre o reflexo disso tudo na Bolsa de Valores, existe uma correlação positiva entre os lucros da empresa e o seu preço, o que quer dizer que a cotação segue o lucro no longo prazo. Os dois andam juntos. E isso quase ninguém fala por aí.

No QR Code a seguir, separei alguns exemplos que ilustram isso em uma janela de 10 anos, de 2009 até 2019. Aponte a câmera do seu celular para escanear o código ou baixe o aplicativo QR Code Reader.

CAPÍTULO 8
ONDE INVESTIR OS POTES DA RESERVA DE EMERGÊNCIA E DAS RECOMPENSAS

Como já comentamos, a reserva de emergência serve como uma espécie de "dinheiro guardado embaixo do colchão" — mas que não será guardado lá, é claro —, pois é ele que será usado para cobrir eventuais gastos que não estavam previstos em seu orçamento. Por sua vez, a reserva das recompensas é o dinheiro que será gasto com lazer, presentes, viagens e alguma extravagância que você queira cometer — afinal, não vale a pena todo o esforço de juntar dinheiro e investir bem se a caminhada não for prazerosa, concorda?

Que é importante separar uma parte da sua renda mensal para encher esses dois potes você já sabe, mas, afinal, onde investir esse dinheiro? Qual a opção mais adequada? Antes de mais nada, você deve se certificar de que a aplicação para essas finalidades atenda a três requisitos básicos:

1. Ela deve ser um investimento de renda fixa pós-fixada, com rentabilidade atrelada à taxa básica de juros da economia;

2. Ela deve ter baixo risco de crédito, ou seja, você não pode colocar o dinheiro onde haja risco de calote, de não receber seu dinheiro de volta;

3. Sua reserva de emergência deve ser líquida, com possibilidade de resgate no mesmo dia solicitado, o que, no jargão do mercado, nós chamamos de *D-0* ou, no máximo, *D+1*, que significa 1 dia após a solicitação.

Isso quer dizer que você fará um investimento ultraconservador, pois é de extrema importância que você não se exponha a nenhum tipo de risco aqui. A aplicação mais adequada para a reserva de emergência e de recompensas é o Tesouro Selic, que é o título do Tesouro Direto mais seguro de todos. O Tesouro Direto é o nome do programa do governo que permite à pessoa física comprar títulos públicos federais diretamente. Essa aplicação pode ser feita de duas maneiras: pelo próprio Tesouro Direto ou por fundos DI com baixa taxa de administração que só investem no Tesouro Selic. Vale mencionar que fundos DI são fundos de renda fixa que aplicam no mínimo 95% do patrimônio em títulos públicos federais atrelados ao CDI.

Mas o que seria essa taxa de administração? Bom, quando investimos em algum fundo, estamos delegando a um terceiro — o gestor do fundo e sua equipe — a função de selecionar ativos e construir um portfólio de acordo com determinada política de investimento. É um serviço financeiro, e isso, claro, tem um custo, que é a taxa de administração dos fundos. Essa taxa é, portanto, a fonte de receita do gestor, pelo serviço de gestão de recursos que realiza.

Hoje, enquanto escrevo este livro, algumas instituições financeiras estão distribuindo fundos DI com liquidez diária e taxa de administração zero. Em outras palavras, esses fundos não cobram nada para você deixar o seu dinheiro investido neles, e as aplicações mínimas variam de 30 a 500 reais, dependendo da plataforma. Já o Tesouro Selic, como disse, é a modalidade mais segura do Tesouro Direto, o investimento mais conservador de todo o mercado no Brasil. Se você deixar o dinheiro investido nesse título público até o vencimento, ele renderá o equivalente ao CDI.

Bom, mas o que é esse tal de CDI, que todo mundo fala?

CDI é a sigla de Certificado de Depósito Interfinanceiro, que é a taxa de juros que os bancos cobram para emprestar dinheiro entre si durante um dia. Em um ano, o CDI acumulado tende a ser muito semelhante à taxa Selic, que é a taxa básica de juros da economia brasileira, definida pelo Banco Central. Quando você ouve alguém dizendo que algum investimento rendeu 100% do CDI, significa que ele rendeu mais ou menos o mesmo valor da taxa Selic. Se o investimento rendeu 101% do CDI, por exemplo, significa, então, que ele rendeu um pouquinho a mais que a taxa Selic.

Ao investir no Tesouro Selic, você pagará uma taxa anual de custódia de 0,25% —percentual praticado no momento em que escrevo este livro—, mesmo que a corretora não cubra nenhuma taxa de administração. Essa taxa é cobrada pela B3, a Bolsa brasileira, que é quem faz a custódia dos títulos públicos, ou seja, você paga uma pequena taxa à B3 por ela manter a guarda dos seus títulos e disponibilizar todas as informações e movimentações com transparência para você.

Diferente dos fundos DI, que possuem liquidez imediata, o Tesouro Direto possui uma liquidez de D+1, ou seja, o dinheiro cai na conta 1 dia após a solicitação de resgate, e o valor já vem descontado de Imposto de Renda. Os títulos públicos geralmente possuem prazos de validade longos, mas você pode vender um título público antes dessa data sem nenhum problema, uma vez que o Tesouro tem obrigação de recomprar os títulos no caso de você querer resgatá-los.

Talvez você se pergunte se vale a pena deixar a reserva e as recompensas na caderneta de poupança. A resposta é **não**, por uma questão matemática. A caderneta de poupança (CP) possui uma rentabilidade de 70% da taxa Selic quando esta está abaixo de 8,5% ao ano. Quando a Selic fica acima desse percentual, a CP fica com um rendimento de apenas 0,5% ao mês. Mesmo sendo tributados, os fundos DI e o Tesouro Selic oferecem um rendimento melhor que o da poupança, apesar de esta ser isenta de IR, pois têm, em geral, um retorno de 100% do CDI, com uma pequena variação para mais ou para menos.

Por último, eu diria para você evitar certificados de depósitos bancários (CDB), fundos multimercados, debêntures ou qualquer outro ativo que fale de crédito privado, pois, apesar de esses produtos renderem um pouquinho mais do que o Tesouro Selic, eles são muito mais arriscados. É um risco baixo, claro, mas, ainda assim, existem casos extremos de bancos quebrando e que acabam por não pagar um CDB, por exemplo. No caso de uma debênture, se a empresa que a emitiu quebra, o investidor fica sem nada. Esses eventos são raros, mas podem acontecer, e é por isso que esses ativos não servem para a reserva de emergência e de recompensas.

Eu, particularmente, prefiro deixar as minhas reservas de emergência e de recompensas no Tesouro Selic, por uma questão de segurança. Mesmo não sendo o investimento de renda fixa mais rentável de todos, ele é o mais seguro e já rende o suficiente para manter o meu poder de compra. Vale lembrar que a reserva de emergência não é lugar de buscar rentabilidade — nem ela e nem a reserva de recompensas. Rentabilidade é algo que você busca no pote da liberdade financeira.

Eu já vi muita gente recomendando colocar a reserva de emergência em fundo de crédito privado e, acredite, até em fundo imobiliário, mas volto a afirmar: na reserva de emergência, a segurança e a liquidez devem estar acima de tudo. A rentabilidade é o menos importante nessas horas. Preocupar-se com ela seria o mesmo que exigir que o goleiro do seu time marque um gol em todos os jogos. A função dele é outra — proteger o gol e estar presente debaixo das traves durante o jogo —; logo, se ele sair jogando pelo campo e, nisso, perder a bola para o time adversário, a chance do seu time tomar um gol será muito grande. Não vale o risco adicional, mesmo que a grande maioria das vezes não dê nada errado.

Outro ponto que você deve se atentar é com as ofertas do seu assessor de investimentos. Ele, obviamente, não quer o seu mal e nem te extorquir, mas há conflito de interesses. Ele vai oferecer a você produtos que também interessam a ele. É comum surgirem ofertas de debêntures ou algo semelhante sob o pretexto de que se trata de investimentos isentos de Imposto de Renda e que possuem uma remuneração bem superior à do Tesouro Selic e dos fundos DI.

Além disso, para tornar o canto da sereia ainda mais atrativo, seu assessor irá falar que as empresas em questão são ótimas e que o risco de crédito é muito baixo. Até aqui é tudo verdade, mas o que ele não te conta são duas coisas: primeiro, a comissão que ele ganha ao distribuir esse produto para você; segundo, o fato de que, caso precise resgatar o valor antes do vencimento, você pode sofrer um ágio muito grande, podendo, talvez, resgatar um valor até menor do que o que foi aplicado. Portanto, repito mais uma vez: nunca esqueça que o objetivo principal das reservas de emergência e de recompensas é preservar capital, e não rentabilizar.

Também não podemos cair na cilada de ganhar um pouquinho mais adicionando muito mais risco. Evite CDBs, debêntures, fundos de crédito privado ou títulos públicos prefixados ou indexados. Reserva de emergência não é lugar para inventar moda ou tentar dar uma de esperto: é investimento a ser feito em Tesouro Selic ou algum fundo DI e fim de papo.

Falo isso porque eu já vi debêntures de empresas duvidosas, já vi banco pequeno que oferecia CDB com rendimento alto acabar quebrando e já vi fundos imobiliários caírem mais de 20% em um único dia. Títulos que não sejam o Tesouro Selic sofrem oscilações mais bruscas a todo momento. Isso não significa, porém, que investir em debêntures, fundos de crédito privado, títulos prefixados ou indexados e fundos imobiliários seja um problema, muito pelo contrário. O problema está somente em contar com esse dinheiro para uma emergência. É preciso ter bom senso.

Por último, saiba diferenciar o dinheiro que é reservado para emergências do que é para recompensas. Caso você tenha usado a sua reserva de emergência, não deixe de se recompensar em função disso. Também não use a sua reserva de emergência para gastar com o que não é essencial. São duas fontes de dinheiro diferentes que, apesar de estarem no mesmo lugar, você deve enxergar como duas coisas distintas.

CAPÍTULO 9
ONDE INVESTIR O POTE DA LIBERDADE FINANCEIRA

Agora que você já entendeu o que são ativos de valor, qual a diferença entre investimento e especulação, e onde investir o dinheiro para os potes da reserva de emergência e de recompensas, chegou a hora de falarmos sobre onde investir o dinheiro para o pote da liberdade financeira.

Para determinar quais investimentos estarão nesse pote e quais as suas proporções, é importante levar em consideração os seguintes fatores: aversão à volatilidade; patrimônio atual; horizonte de investimentos; necessidade de liquidez e objetivo do investimento.

Antes, porém, não custa ressaltar que, uma vez que o nosso principal objetivo aqui é alcançar a liberdade financeira, ou seja, conseguir viver da renda oriunda dos ativos gerados pelos investimentos, os caminhos que levam a essa independência podem ser os mais diversos, e todos eles têm suas vantagens, desvantagens e particularidades. Com isso, quero dizer que o nosso método não é o único que existe, mas apenas um dentre essas muitas opções disponíveis no mercado. Existem pessoas que alcançam a liberdade financeira somente investindo em ações, como é caso do brasileiro Luiz Barsi, por exemplo. Outros o fazem somente investindo em fundos imobiliários. Tem aqueles que chegam lá apenas empreendendo, ou seja, abrindo o próprio negócio, como é caso de gênios como Steve Jobs, Bill Gates, Mark Zuckerberg e Jeff Bezos. Outras pessoas chegam lá investindo apenas em renda fixa, embora seja um caminho mais difícil e demorado. Tem aqueles que investem em imóveis ao longo da vida, visando o retorno financeiro do aluguel, e tem aqueles que investem em um pouco de tudo ao mesmo tempo, o que é uma estratégia inteligente também. Bom, como você pode perceber, a lista vai longe.

No entanto, o que faz o Método KISS ser diferente dos demais é que nele utilizamos apenas um tipo de investimento principal, pois esse método tem como premissa básica a simplicidade — e nada mais simples do que investir em apenas um tipo de ativo, concorda? Contudo, não se trata de um tipo qualquer, mas do tipo de investimento mais poderoso que existe para gerar riqueza. Você vai entender.

O Método KISS é o mais adequado para pessoas que compartilham as seguintes características:

- desejam alcançar a liberdade financeira em um prazo de pelo menos 10 anos;
- estão iniciando no mundo dos investimentos, mas não sabem por onde começar;
- não buscam um diploma de finanças, ou seja, não têm a pretensão de se especializar no assunto;
- não querem despender horas do tempo livre para se dedicar aos investimentos;
- possuem um patrimônio relativamente pequeno frente às suas despesas atuais;
- estão dispostas a cuidar do seu próprio dinheiro, ou seja, não pretendem terceirizar essa função;
- formarão uma reserva de emergência para não ter que mexer no pote da liberdade financeira ao longo da jornada;

conseguem manter uma taxa de economia mensal moderada, para não se privar de desfrutar da vida hoje.

Para que todas essas características sejam atendidas, o melhor caminho para começar no mundo dos investimentos é adquirir ações de boas empresas. E por que ações? Porque, historicamente, as ações apresentaram os maiores retornos no longo prazo, sendo, portanto, o único investimento efetivamente capaz de multiplicar o seu capital de modo expressivo ao longo do tempo.

No livro *Stocks for the Long Run*, Jeremy Siegel mostra um estudo de 200 anos do retorno das ações nos EUA, corrigido pela inflação: 1 dólar investido em 1801 tornou-se U$ 755.163,00 ao investir em ações, já descontada a inflação. Se esse mesmo dólar tivesse sido investido na renda fixa, teria se tornado apenas U$ 1.083,00, um resultado quase 700 vezes pior do que o das ações. Mas não foi só nos EUA que as ações mostraram ser o melhor investimento. No livro *Triumph of the optimists: 101 years of global investment returns*, os autores Elroy Dimson, Paul Marsh e Mike Staunton examinaram os retornos históricos das ações e títulos da renda fixa de 19 países no período de 1900 a 2012, e concluíram que o desempenho superior das ações sobre a renda fixa experimentado pelos EUA se refletiu também em todos os demais países analisados.

A verdade é que investir em ações é investir na atividade produtiva do país. É investir na geração de valor. Investir em ações significa ser sócio de empresas, mas com uma grande vantagem em relação a abrir o próprio negócio: você se beneficia do recebimento dos lucros provenientes do empreendedorismo sem precisar trabalhar um minuto a mais para isso, enquanto, a título de comparação, o investimento em renda fixa não gera valor ao longo do tempo por ser somente um empréstimo que você faz para uma empresa (ou para o governo, no caso dos títulos públicos, por exemplo).

No Método KISS acreditamos que as ações têm o incrível poder de gerar renda passiva, e esse é o principal investimento que fará você alcançar sua **liberdade financeira**. Para você ter noção, Luiz Barsi, um dos maiores investidores individuais do Brasil, vive hoje com uma **renda** oriunda de dividendos que pode superar 500 vezes o teto da previdência. Até onde sabemos, sua carteira de ações ultrapassa a marca de 1 bilhão de reais. Ele afirma que qualquer pessoa pode **enriquecer na Bolsa**, pois não é preciso ter muito dinheiro para começar, e costuma enfatizar que o importante é começar devagar e não parar nunca. Como ele mesmo conta, Barsi começou a investir muito jovem e sem muitos recursos, mas, com muita disciplina e paciência, foi aplicando em ações várias vezes ao longo dos anos, até conquistar sua independência financeira.

Como já explicamos, o dinheiro separado para os potes da reserva de emergência e de recompensas deve ser aplicado em fundos DI ou Tesouro Selic, mas você também precisa ter investimentos de renda fixa dentro do pote da liberdade financeira, principalmente agora, no começo da jornada, pelos seguintes motivos:

1. Seu pote da reserva de emergência muito provavelmente ainda não estará cheio;

2. Você pode não ter coragem de investir tudo em ações, já que seu valor oscila bastante no curto prazo;

3. Esse valor vai servir como uma reserva de oportunidade quando o mercado cair;

4. Esse investimento servirá como diversificação para equilibrar o pote.

A seguir, vou explicar melhor cada um deles.

MOTIVO NÚMERO 1: Sua reserva de emergência ainda não está formada.

No Método KISS, todo mês uma parte dos seus recursos será direcionada para o pote da reserva de emergência até enchê-lo totalmente. Mas, caso você tenha uma emergência antes de encher esse pote por completo, e o valor acumulado até o momento não for suficiente para cobrir esse gasto, então você terá que tirar dinheiro do pote da liberdade financeira.

Nesse caso extremo, é melhor resgatar o dinheiro da renda fixa — no caso do seu fundo DI ou Tesouro Selic — do que vender ações, podendo perder dinheiro. Assim, seus investimentos aplicados em renda fixa dentro do pote da liberdade financeira funcionam como uma espécie de reserva de última instância, caso os outros dois potes não deem conta da emergência.

MOTIVO NÚMERO 2: Você pode ainda não ter coragem de investir 100% em ações no pote da liberdade financeira.

Já sabemos que, no longo prazo, as ações apresentam um retorno financeiro muito melhor que a renda fixa. Isso é fato, e contra fatos não há argumentos.

Portanto, se você tem um prazo longo e um patrimônio (ainda) pequeno, as chances de obter um retorno superior à renda fixa no longo prazo são muito altas. Logo, em teoria, o racional seria ter 100% investido em ações no pote da liberdade financeira, mas, como você está iniciando no mercado de ações, é prudente ir devagar, por isso a importância de ter uma parcela do pote da liberdade financeira aplicado em renda fixa.

MOTIVO NÚMERO 3: Esse valor servirá como uma reserva de oportunidade quando o mercado cair.

Creio que você já tenha percebido que o mercado de ações oscila bastante e às vezes passa por quedas bruscas em pouco tempo. Esse é o momento ideal para comprar boas ações com desconto, mas se o seu pote da liberdade financeira estiver 100% aplicado em ações, você não terá como aproveitar essa oportunidade. Por isso, essa é mais uma razão para manter uma parcela em renda fixa dentro desse pote.

MOTIVO NÚMERO 4: A renda fixa servirá como diversificação para reduzir o risco geral do pote da liberdade financeira.

Uma alocação entre renda variável (ações) e renda fixa (títulos públicos) é importante para reduzir o risco geral do pote da liberdade financeira. Em outras palavras, para você que está iniciando nesse novo mundo, é importante não entrar de cabeça porque, caso aconteça qualquer turbulência mais forte no mercado de ações, sua carteira de investimentos vai oscilar menos.

Com o passar dos anos, você poderá reduzir a parcela de renda fixa e, em casos mais extremos, até manter uma grande parcela em ações no pote da liberdade financeira. Mas isso só pode ser avaliado depois de anos de mercado. Esse tipo de atitude não é para novatos.

Pense no pote da liberdade financeira como se fosse um time de futebol que você deve equilibrar entre defesa e ataque. A defesa é a renda fixa e o ataque são as ações. Se aumentar o poder de ataque, irá diminuir o poder de defesa, já que o time tem apenas dez jogadores de linha. A mesma coisa acontece com a sua carteira: se aumentar a defesa, você reduzirá o ataque; se aumentar a parcela em ações, reduzirá a parcela em renda fixa. O segredo para vencer é buscar um equilíbrio entre o que te deixa confortável e o que te leva ao grande objetivo. No futebol, esse objetivo é vencer a competição, seja ela qual for; no seu caso, é acumular patrimônio para viver de renda.

	POTES	
Reserva emergência	Recompensas	Liberdade financeira
Fundos DI com baixa taxa de administração (preferencialmente zero) Títulos públicos (Tesouro Selic)	Fundos DI com baixa taxa de administração (preferencialmente zero) Títulos públicos (Tesouro Selic)	Ações de boas empresas Fundos DI com baixa taxa de administração (preferencialmente zero) Títulos públicos (Tesouro Selic, Tesouro pré-fixado e/ou Tesouro IPCA+)

A tabela anterior mostra um resumo dos investimentos que você poderá ter em cada pote. Veja que é bastante simples, como defende o Método KISS: em todos eles você terá renda fixa representada por fundos DI ou títulos públicos do Tesouro Direto, mas perceba como, no pote da liberdade financeira, você não precisa investir somente no Tesouro Selic. Há, também, outras duas modalidades à sua disposição: o Tesouro Prefixado e os Títulos Indexados.

Tesouro Prefixado é um título que, como o nome já sugere, oferece uma taxa de retorno anual que é previamente estabelecida no dia da compra. Por exemplo: o Tesouro Prefixado 2025 possuía, no momento em que escrevo, uma rentabilidade de 8,54%, o que significa que, do dia da compra até a data de vencimento, a taxa de retorno anualizada desse título será de 8,54%.

Dizemos "taxa anualizada" porque o preço desse título oscila bastante e, por conta disso, essa taxa de retorno muda todos os dias. Supondo que você compre esse título com a taxa de 8,54%, é possível que, depois de 1 ano, você tenha um retorno negativo nessa aplicação. No entanto, esse título terá um rendimento médio maior nos anos posteriores, pois, na data de vencimento, seu retorno anualizado deve ser de 8,54%, o que significa que você só terá esse retorno se segurar o título até o vencimento. No meio do caminho, contudo, você poderá ter retornos parciais maiores ou menores do que o pré-estabelecido.

O mesmo vale para os Títulos Indexados, que pagam a inflação, medida pelo Índice de Preços ao Consumidor Amplo (IPCA), o indicador oficial da inflação no Brasil — mais uma taxa pré-estabelecida na data da compra. Um exemplo é o título Tesouro IPCA+ 2045, que irá render 4,24% ao ano, além da inflação, conforme taxas praticadas em maio de 2020, o que significa que você terá uma rentabilidade real de 4,24% por ano ao final do período.

O título que tenho é o IPCA+ 2035, que teve uma rentabilidade de mais de 40% em um único ano. Obviamente, ele rendeu bem menos nos anos seguintes, já que, na média, deveria render exatamente a porcentagem estabelecida na data da compra. Esse aumento brusco só ocorreu porque houve uma rápida redução da taxa de juros desse título num curto período de tempo.

Esse é o conceito que o mercado chama de "marcação a mercado" que é, de fato, um pouco complicado. Uma forma de entender isso é compreendendo a relação entre o preço do título e taxa oferecida: quanto maior a taxa, menor o preço do título.

Pense que você precisa viajar de carro por uma estrada extensa para chegar ao final dela exatamente no horário que foi pré-estabelecido. Independente do ponto em que esteja na estrada, você pode calcular a velocidade média que precisa adotar para chegar no horário determinado. Digamos, por exemplo, que você precise de duas horas para andar 120 quilômetros; isso supõe que você terá de dirigir a uma velocidade média de 60 km/h. Durante determinados trechos da viagem, você poderá praticar a velocidade que bem entender; pode andar a 40 km/h na primeira metade da viagem e a 80 km/h na segunda metade. Ao final do percurso, sua velocidade média será de 60 km/h.

Para fazer uma analogia com os títulos prefixados e indexados, trace um paralelo entre as variáveis. A velocidade média a percorrer é a Taxa de Rentabilidade Anual. O preço unitário do título é a sua localização atual na estrada. A data de vencimento é o horário exato que você precisa chegar ao final da estrada. Perceba que, quando um título público possui rentabilidade negativa em algum intervalo de tempo, é como se o carro tivesse dado marcha à ré em alguma parte do percurso. Isso, por consequência, vai exigir uma velocidade maior no futuro, para que o prazo pré-definido seja cumprido.

Voltando aos investimentos de cada pote, lembre-se de que é apenas no pote da liberdade financeira que você terá ações. Eu reconheço que a ideia de investir em ações costuma assustar as pessoas em geral, e com você não deve ser diferente. A maioria associa ações com cassino, apostas, jogos de azar etc. Essa é uma crença muito forte que existe no Brasil, mas que pode ser verdadeira, se você especular ao invés de investir.

Para entender esse aspecto, é preciso, antes, saber um pouco mais sobre a tal da volatilidade das ações. Ações são renda variável, o que significa que elas variam para cima e para baixo. A esses movimentos, que ocorrem a cada negócio na Bolsa, damos o nome de volatilidade. Como já aprendemos, a volatilidade é algo que importa somente para o especulador.

Para o investidor, o que importa são os fundamentos, ou seja, o valor da ação. Embora a volatilidade seja ignorada nesse caso, é difícil ignorá-la no começo. Como você nunca investiu em ações — pelo menos não ainda —, provavelmente ainda não sabe como irá reagir quando o seu patrimônio oscilar.

A verdade é que você precisa ter coragem para investir em ações, mais do que qualquer outra coisa. Como disse Warren Buffett, "investir não é um jogo no qual o jogador com QI 160 ganha do com QI 130. Uma vez que você tenha uma inteligência média, tudo o que você precisa é temperamento para controlar os impulsos que colocam outros investidores em apuros."

Para alcançar a liberdade financeira e se tornar um investidor de verdade, você precisa lidar com seus investimentos de forma racional. Suas emoções não têm espaço aqui, pois você não pode ficar animado quando suas ações subirem e nem triste ou preocupado quando elas despencarem. Você precisa estar neutro. Deixe suas emoções aflorarem quando estiver junto de sua família e amigos, viajando, praticando esportes ou se já tiver alcançado a liberdade financeira. Emoções e investimentos são duas coisas que não combinam.

Warren Buffett disse que "a qualidade mais importante de um investidor é o temperamento, e não a inteligência. Você não pode sentir prazer ao estar junto da manada e nem quando está contra ela." Eu diria que adquirir o temperamento correto para se tornar um investidor de sucesso talvez seja o seu maior desafio. A maioria das pessoas tem a mentalidade de especulador, pois querem ganhar dinheiro rápido. Num mundo cada vez mais acelerado, onde as coisas acontecem quase de modo instantâneo, poucos são os que possuem a paciência necessária a um investidor de longo prazo.

A melhor forma de desenvolver esse temperamento é parar de acompanhar o movimento das suas ações. No começo, é normal que, depois de comprar uma ação, você queira acompanhar sua rentabilidade com frequência, mas, ao agir assim, você correrá o risco de entrar em pânico e vendê-las imediatamente quando começarem a cair. Com base na minha experiência, esse é o erro mais comum que pessoas que perderam dinheiro com ações cometem. Por isso, recomendo que você comece a investir em ações aos poucos, com pouco dinheiro, para que possa ir avaliando suas reações e desenvolvendo o temperamento adequado. Assim, caso não aguente a tentação de olhar o preço da ação e cometa o erro de vendê-la na primeira oscilação, isso não irá afetar o seu patrimônio de forma significativa.

Levando tudo isso em conta, ressalto, mais uma vez, que uma alocação elevada em ações para o pote da liberdade financeira não é recomendada num primeiro momento. Procure sempre ter uma parte dos seus recursos alocada em renda fixa. Vá sempre devagar e com bom senso.

CAPÍTULO 10
DIVERSIFICAÇÃO E ALOCAÇÃO IDEAL

Que o dinheiro reservado para o pote da liberdade financeira deve ser investido em títulos públicos através do Tesouro Direto e em ações você já sabe. Vale lembrar, porém, que nada o impede de investir o dinheiro desse pote em outros fundos, debêntures, CDBs etc., mas, ao agir dessa forma, você estará violando um princípio fundamental do Método KISS: a simplicidade. Por isso, vamos considerar, para fins didáticos, que no pote da liberdade financeira só seja possível adicionar títulos públicos através do Tesouro Direto e de ações.

Assim sendo, aquela parcela do seu portfólio que você quer guardar em segurança será depositada no Tesouro Direto. Se desejar se expor à volatilidade e ter um pouco mais de risco, você deverá investir em ações de boas empresas, pois assim poderá ter muito mais retorno do que teria com qualquer outro ativo.

Além do Tesouro Selic, vale lembrar que, para o pote da liberdade financeira, você também pode investir no Tesouro Prefixado ou no Tesouro IPCA+. O ideal é evitar os títulos que pagam juros semestrais, já que você não quer pagar IR sobre esse valor que cai na sua conta, e investir no título que tenha o vencimento mais longo possível, mesmo que você decida resgatá-lo antes do prazo final.

Se você adiar ao máximo o pagamento de impostos, fará com que os juros compostos trabalhem para você. Agora falta somente definir como será feita a divisão do seu patrimônio entre as ações e os títulos públicos que estão dentro do pote da liberdade financeira.

Suponha, por exemplo, que você tenha 100 mil reais distribuídos da seguinte forma: 25 mil para o pote da reserva de emergência, 25 mil para o das recompensas e 50 mil para o da liberdade financeira. Sendo assim, a alocação de que vamos tratar considera apenas os 50 mil do pote da liberdade financeira.

Para determinar o percentual entre as ações e os títulos públicos, você deve lembrar que poderá assumir um risco maior nas seguintes situações: quanto maior for o seu prazo de investimento, quanto menor for o seu patrimônio atual frente às suas despesas, quanto maior for sua tolerância à volatilidade, quanto maior for a sua reserva de emergência e, por fim, quanto maior for a sua experiência prévia no mercado de ações. Em outras palavras, funciona assim: se você tem 40 anos e quer alcançar a liberdade financeira aos 60, vinte anos é um prazo de investimento que te permite correr mais riscos e, por isso, manter a fatia maior de ações no pote da liberdade financeira se torna possível. Agora, se o seu prazo de investimento é um pouco menor, então você deve reduzir a exposição às ações. Uma coisa é certa: quando você começa a investir com o mercado em alta, presume que a sua capacidade de suportar a volatilidade é maior. Por isso, ter alguma experiência, mesmo que pouca, no mercado de ações pode ajudar você a investir com cautela.

Lembro-me de como, no final de 2019, muita gente começou a investir na Bolsa por empolgação, vendo o mercado subir. No entanto, bastou a crise do coronavírus se alastrar para aparecer uma legião de arrependidos. Muita gente até segura firme suas posições em ações nessas horas, mas é muito comum surgir um pensamento de que não deveria ter se arriscado tanto. O mesmo vale para quando alguma ação sobe muito: você sempre vai ficar com a sensação de que poderia ter se arriscado mais.

Em 2008 não foi diferente. Lembro de amigos meus falando que passariam a viver dos investimentos da Bolsa. Não que não seja possível, pelo contrário. A questão é que, para isso, você precisa de alguns anos investindo — diria que, no mínimo, dez anos de experiência. Logo, o final da história é sempre o mesmo, pois depois da euforia sempre chega um tsunami devastador fazendo todo mundo pensar que a crise nunca vai acabar. Com isso, as pessoas ficam com medo, vendem suas ações a preço de banana e, em questão de meses, o mercado se recupera novamente. Na hora do desespero, todo mundo diz que "dessa vez é diferente", que "essa crise não é igual às outras", que "as empresas listadas vão falir", mas acredite: embora isso seja verdade, também é verdade que todas essas crises passam. Da mesma forma, quando a Bolsa sobe muito em meio a uma euforia, depois ela passa a cair naturalmente.

Tenha isso em mente na hora de definir sua alocação ideal. É importante que, uma vez definida, você não altere sua escolha no meio do caminho, pelo menos não enquanto estiver no começo da sua jornada como investidor. Minha recomendação é que, dentro do pote da liberdade financeira, você tenha uma alocação mínima em ações de 25% e máxima de 75%.

Para ajudar você a definir sua alocação ideal em ações, vou propor uma tarefa que consiste em responder cinco perguntas. Para cada resposta positiva, adicione 10% à alocação mínima de 25%.

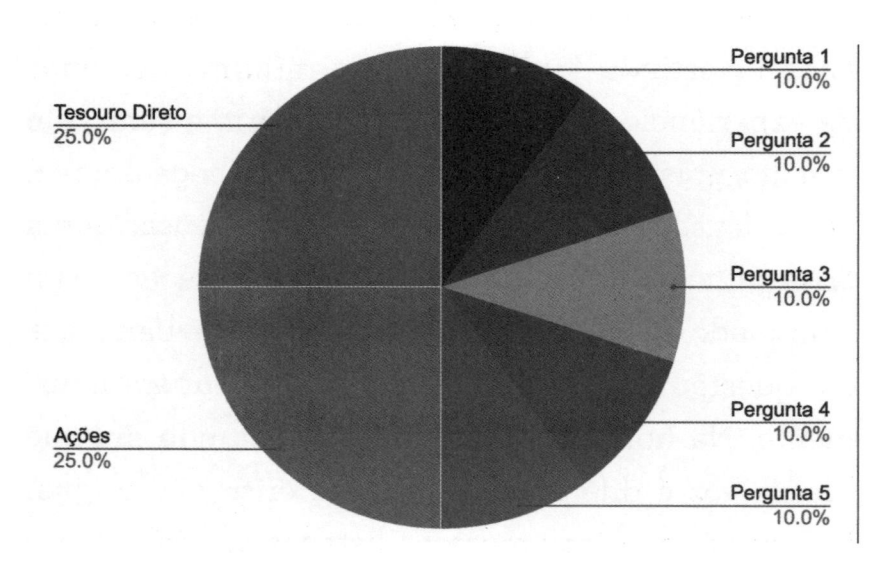

Tesouro Direto	25.0%
Ações	25.0%
Pergunta 1	10.0%
Pergunta 2	10.0%
Pergunta 3	10.0%
Pergunta 4	10.0%
Pergunta 5	10.0%

1. Você possui um prazo de investimento maior que 15 anos?

_____

2. O seu pote da reserva de emergência já está completo?

_____

3. Você já viu seu patrimônio sofrer uma queda de mais de 30% no mercado de ações? Se a resposta for **não**, considere a pergunta 4 como negativa também.

_____

4. Você possui tolerância a grandes quedas como essa?

_____

5. Você acha aceitável que, mesmo escolhendo boas empresas, você fique mais de 3 anos com retornos negativos?

_____

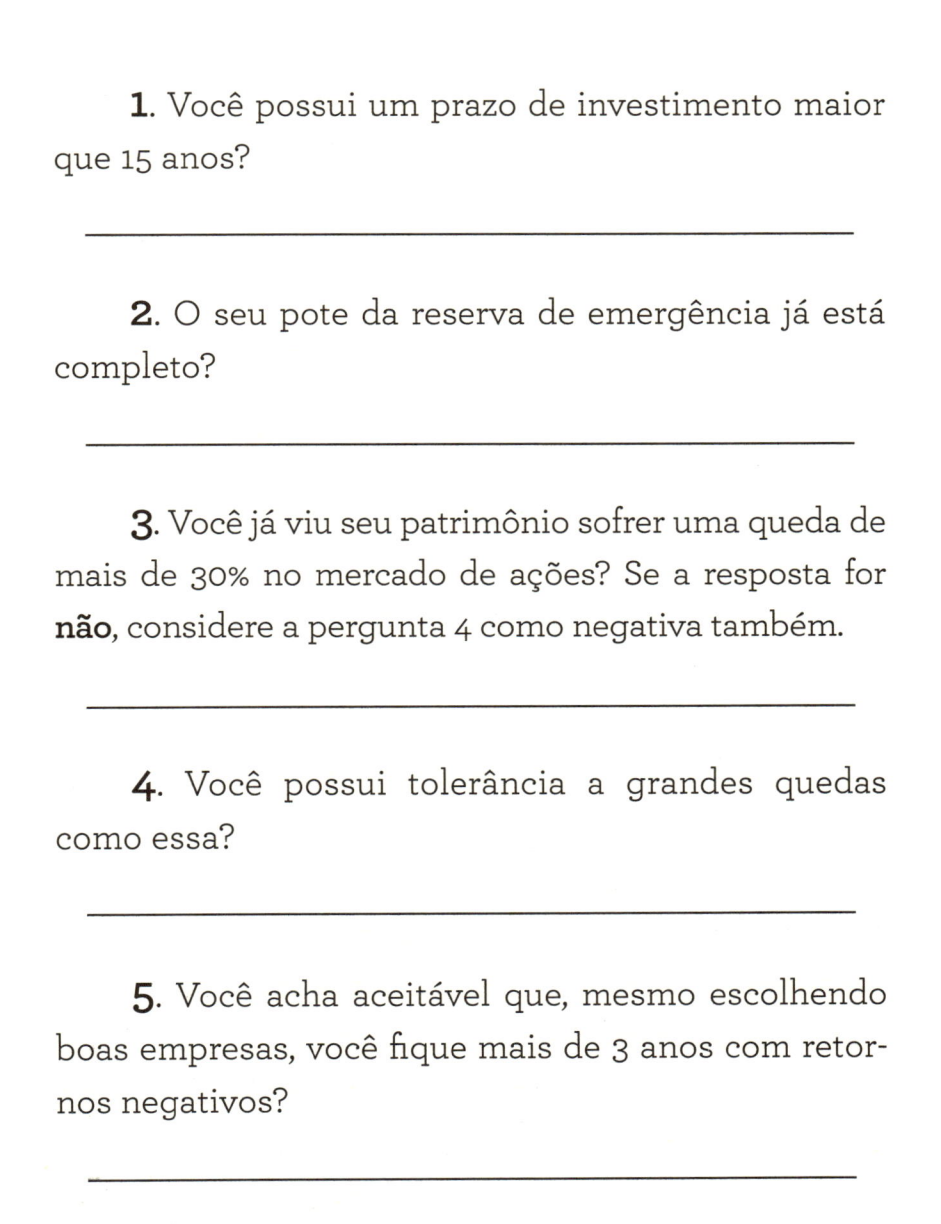

Agora, veja a quantas perguntas você respondeu SIM. Caso tenha respondido NÃO para todas, então, sua alocação em ações será de 25%, o valor mínimo. Se tiver respondido SIM a todas as perguntas, então você pode investir 75% do seu pote da liberdade financeira em ações.

Anote a seguir qual é a porcentagem da sua alocação em ações, a partir do resultado do questionário anterior:

_____

A cada ano que passar, você deve se fazer essas mesmas cinco perguntas e verificar se a sua alocação ideal mudou. É muito importante que você faça essa revisão periódica, uma vez que as ações possuem movimentos bruscos em curtos períodos de tempo, e isso pode desajustar sua alocação. Digamos, por exemplo, que a sua alocação ideal seja de 55% em ações e 45% em títulos públicos. Se as ações caírem 20%, você ficará com uma alocação de 49% em ações, o que é abaixo do adequado para o seu grau de tolerância a risco. Naturalmente, você terá que ajustar essa porcentagem comprando mais ações.

Essa, porém, é apenas uma parte da história. Vamos, agora, entender melhor o porquê de a diversificação ser um princípio defendido dentro do Método KISS. Diversificação é, basicamente, a ideia de não colocar todos os ovos na mesma cesta. Ela serve para proteger o seu patrimônio, impedindo você de correr grandes riscos com seus investimentos. Além de ser importante escolher ações de boas empresas, como já vimos, você também não deve jamais, em hipótese alguma, colocar todo o seu dinheiro em apenas uma única ação. É preciso diversificar, ou seja, ter ações de várias — e boas — empresas de setores diversos. No gráfico a seguir, podemos observar que o risco total da sua carteira diminui conforme aumenta a quantidade de ações que você investe.

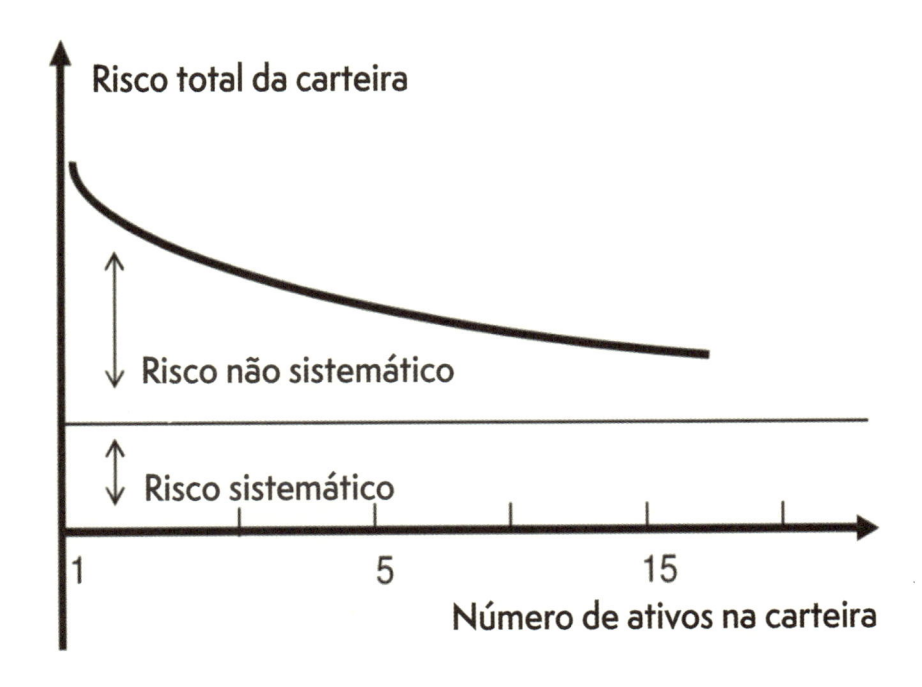

Veja como saber investir do jeito certo faz com que as probabilidades estejam a seu favor. Ganhar dinheiro com ações se torna apenas uma consequência. Contudo, para que essa diversificação seja possível, o ideal é que você tenha no mínimo 10 ações na sua carteira.

Pense em um banquinho de madeira com 10 pés. Se um deles quebrasse, não haveria problema, pois o banquinho continuaria estável mesmo com 9 pés. Agora, imagine um banquinho com 4 pés. No caso de apenas um deles quebrar, isso já faria muita falta para o banco se manter estável. Por isso, quanto mais pés o seu banquinho tiver, melhor. E, também, quanto maior for esse banquinho (ou seja, seu patrimônio), de mais pés ele precisará (ou seja, seu portfólio irá precisar de mais ações).

Não existe um limite máximo de ações que você pode ter na sua carteira. O ideal é você ter quantas conseguir monitorar. Em termos de proporções, não precisa ser rigoroso; é natural que você tenha um pouco mais de uma empresa e menos de outra. Se essas diferenças forem pequenas, não se preocupe; o que não pode haver é um desequilíbrio muito grande.

Agora, um ponto importante: lembre-se que de as empresas reportam seus demonstrativos financeiros para o mercado a cada três meses. Esse é o momento em que você deve monitorar a empresa e verificar se ela continua sendo um bom negócio. Se você se sente à vontade de acompanhar 20 empresas e quer diversificar bastante, não há problema algum, só não esqueça de manter o processo simples. Se você notar que em seu portfólio há mais empresas do que pode monitorar, venda alguma parte dos ativos e troque por ações de empresas que você já tem.

Quando estamos começando no mercado financeiro, é normal ficarmos empolgados com a quantidade de empresas boas que a Bolsa oferece. O tempo todo vai ter coisa nova aparecendo ou, então, vai surgir algum analista indicando uma ação que você nunca tinha ouvido falar. As novidades sempre parecem mais interessantes do que o bom e velho feijão com arroz, e é bem normal que você passe a querer investir em várias empresas. Contudo, eu recomendo que você seja cauteloso com o excesso de informações que passará a receber. É preciso ter senso crítico e discernimento, pois o seu objetivo é investir em algumas empresas boas — infelizmente, estar posicionado em todas elas é algo que ninguém conseguiu fazer ainda — e evitar a todo custo investir em empresas ruins.

Existe um conceito em estatística que diz que existem dois tipos de erro: o erro do tipo 1 consiste em rejeitar alguma hipótese que é verdadeira, e o erro do tipo 2 consiste em aceitar uma hipótese quando ela é falsa. No mundo dos investimentos esse conceito também vale: o erro do tipo 1 consiste em abrir mão de uma empresa mesmo que ela seja boa, ou seja, rejeitar algo válido; e o erro do tipo 2 seria investir em uma empresa ruim, ou seja, aceitar algo que, na verdade, não era bom.

O erro do tipo 1 você vai cometer muitas vezes. Ele é frequente na vida do investidor e não há nenhum problema nisso. Já o erro do tipo 2 é muito pior. Se você seguir o Método KISS, ele será raro, mas, ainda assim, pode acontecer, e a diversificação serve justamente para que ele não cause um prejuízo tão grande. Isso quer dizer que se por acaso você acreditar que uma empresa é boa e o tempo mostrar o contrário, o impacto desse erro será reduzido por causa da diversificação, como mostramos com o exemplo do banquinho.

CAPÍTULO 11
EM QUANTO TEMPO VOCÊ ALCANÇARÁ A LIBERDADE FINANCEIRA

Acredito que o conceito de liberdade financeira já esteja bem claro para você neste momento, pois ele nada mais é do que a ideia de viver da renda proveniente dos seus investimentos, sejam eles quais forem. Isso, no entanto, poderá acontecer no curto, médio ou longo prazo; tudo vai depender de algumas variáveis que vamos ver neste capítulo. Até o final desta leitura, você terá uma noção de quanto tempo levará para conquistar a sua liberdade financeira, caso esteja começando do zero. Se você já tem um capital investido, esse tempo será menor.

Tecnicamente, você passará a viver de renda quando o rendimento oriundo dos seus investimentos — no nosso caso aqui, dos dividendos — for igual ou maior do que o seu custo de vida. Se você sabe qual o seu custo de vida médio anual, então também sabe de quanto precisaria para cobri-lo. Imagine, por exemplo, que uma pessoa tenha um custo de vida mensal de aproximadamente 6 mil reais. Nesse caso, isso representa 72 mil por ano; logo, essa pessoa precisará receber, de dividendos anuais, o equivalente a 72 mil reais, ou 6 mil por mês. Agora, para receber esse valor em dividendos, quanto essa pessoa precisaria ter de patrimônio investido? Para responder essa pergunta, preciso, antes, esclarecer um conceito. Quando se trata de rendimentos ou dividendos, estamos considerando aqueles valores que são pagos para o investidor sem que ele precise se desfazer dos seus ativos para recebê-los.

Um exemplo que ilustra bem esse conceito se refere ao mercado imobiliário. Imagine um investidor que compra uma sala comercial de 500 mil reais para alugar e consegue um inquilino que paga 2.500 mensais pelo aluguel. Esse investidor receberá 30 mil ao ano, proveniente do aluguel dessa sala comercial. Isso tende a continuar assim independente de quanto vale a sala comercial no mercado. Seu preço pode ter oscilado, mas isso pouco importa para o investidor. Se nada mudar em relação ao contrato de aluguel do imóvel, ele continuará recebendo seus 30 mil por ano.

Também é possível fazer uma analogia com uma árvore frutífera. Imagine uma macieira que dá 200 maçãs por mês. A cada mês que passa, você pode consumir todos as maçãs da árvore, e a macieira continua lá, firme e vigorosa, e, quem sabe, crescendo mais ainda com o passar do tempo. Nesse paralelo, a macieira representa o seu patrimônio, enquanto as maçãs representam os dividendos mensais.

Uma vez esclarecido esse raciocínio, o próximo passo é estimar o percentual anual de rendimentos esperado para os seus investimentos. Como estamos lidando essencialmente com ações no pote da liberdade financeira, vamos estimar o quanto é possível receber de dividendos anuais hoje em dia.

Atualmente, é possível estimar um retorno de dividendos anuais na faixa de 5 a 7%. Esse valor pode variar para mais ou para menos, mas uma média confiável para empresas boas gira em torno de 6% anuais — isso, é claro, sem considerar a valorização do preço da ação. Sendo assim, o prazo para você alcançar sua liberdade financeira será dado pela combinação de três variáveis: a margem de segurança, a taxa de economia pessoal e a rentabilidade dos seus investimentos.

A margem de segurança consiste na divisão do seu patrimônio atual pelas suas despesas anuais ou custo de vida anual. Vejamos como isso funciona na prática.

	Patrimônio (ações, fundos, títulos públicos etc.)	Margem de segurança (fator)
Investidor A	R$ 72.000,00	1x
Investidor B	R$ 288.000,00	4x
Investidor C	R$ 1.080.000,00	15x
Investidor D	R$ 1.800.000,00	25x

Imagine 4 pessoas (investidores A, B, C e D) que levam o mesmo padrão financeiro e cujo custo de vida anual seja de 72 mil reais (ou seja, 6 mil por mês). Eles, no entanto, possuem patrimônios diferentes, uma vez que estão em momentos diferentes da jornada rumo à liberdade financeira. Veja, na tabela apresentada, que o investidor A tem 72 mil reais investidos; logo, sua margem de segurança é de 1x. O investidor B tem 288 mil investidos; logo, sua margem de segurança é de 4x. O investidor C tem R$ 1.080.000,00 investidos e, portanto, sua margem de segurança é de 15x. Por fim, o investidor D tem R$ 1.800.000,00 investidos e sua margem de segurança é de 25x.

Fator	Taxa anual	Fator	Taxa anual	Fator	Taxa anual
1	100%	11	9,09%	21	4,76%
2	50%	12	8,33%	22	4,55%
3	33,33%	13	7,69%	23	4,35%
4	25%	14	7,14%	24	4,17%
5	20%	15	6,67%	25	4,00%
6	16,67%	16	6,25%	26	3,85%
7	14,29%	17	5,88%	27	3,70%
8	12,50%	18	5,56%	28	3,57%
9	11,11%	19	5,26%	29	3,45%
10	10%	20	5,00%	30	3,33%

Veja que quanto maior for a sua margem de segurança, mais fácil será manter o seu padrão de vida, pois você precisa obter um rendimento anual menor desse patrimônio para cobrir o seu custo de vida anual. No exemplo dos investidores, perceba que o investidor A precisaria ter um rendimento anual de 100% sobre seus investimentos atuais para conseguir viver de renda, um resultado impossível de alcançar no mercado de ações. Já o investidor B teria que obter 25% ao ano, o que é muito difícil de acontecer. O investidor C precisaria de 6,6% de rendimento anual, o que é realista de se esperar. Por fim, o investidor D precisaria de somente 4% de rendimento anual, o que é possível de se conseguir sem grandes dificuldades.

Se fosse traçar um paralelo com o futebol, diria que o investidor A seria o time que precisa ganhar de 10 a 0 para se classificar para a próxima fase do campeonato, uma probabilidade baixíssima de acontecer, para não dizer impossível. O investidor B seria o time que precisa vencer de pelo menos 5 a 0 para se classificar. Impossível? Não. Difícil? Com certeza. O investidor C seria aquele time que precisa apenas vencer de 1 a 0 o jogo. Difícil? Nem tanto. Por sua vez, o investidor D seria aquele time que precisa apenas conseguir um empate para se classificar.

Agora vamos tratar da segunda variável, que é a taxa de economia pessoal. Como você já sabe, taxa de economia pessoal é a parcela da sua renda ou salário que você economiza todo mês. Em essência, são os aportes que você fará mensalmente. Se a sua taxa de economia pessoal for de 20% e você tiver um salário de 5 mil reais, você irá economizar mil reais por mês. Vale ressaltar mais uma vez que a taxa de economia pessoal, ou os aportes mensais, é o fator mais importante para alcançar a liberdade financeira mais rápido. Quando aumentamos essa taxa, esse tempo reduz consideravelmente, mais até do que se aumentássemos a rentabilidade na mesma proporção.

A rentabilidade, por sua vez, é o fator mais difícil de controlar, porque é um valor desconhecido na renda variável. Como você já aprendeu, uma boa rentabilidade é consequência de ótimas escolhas de investimento, e se você for bem-sucedido em seus investimentos, sua rentabilidade será melhor. Uma rentabilidade maior faz o patrimônio crescer mais rapidamente, e, portanto, você levará menos tempo para atingir a margem de segurança que deseja.

Para se ter uma ideia, nos últimos 25 anos, o retorno médio do Índice Bovespa, índice de referência da Bolsa brasileira, foi de 14% ao ano. E o IPCA, índice de inflação no Brasil, ficou em 6,3% ao ano em média. Logo, podemos estimar uma rentabilidade real na ordem de 7,7%. Como usamos a rentabilidade do Índice Bovespa, que engloba apenas as ações mais negociadas, e não necessariamente as melhores, podemos dar um desconto a aumentar essa rentabilidade real esperada para faixa de 9 a 11% ao ano.

Veja que a margem de segurança, a taxa de economia pessoal e a rentabilidade são valores relativos, e não absolutos. Isso quer dizer que o tempo que você leva para atingir a liberdade financeira não depende, necessariamente, de quanto você ganha de salário e nem do quanto você gasta, mas apenas da relação entre eles. Em outras palavras, depende da relação entre receitas e despesas mensais.

Para ajudar você na sua jornada rumo à liberdade financeira, fiz algumas simulações do tempo que levaria para você encher esse pote, considerando uma margem de segurança de 15 vezes, que representa um rendimento esperado de 6,6% ao ano, como expliquei antes. Essas simulações estão disponíveis por meio do QR Code a seguir e, para visualizá-las, basta apontar a câmera do seu celular para o código ou baixar o aplicativo QR Code Reader. Bom proveito!

A VERDADE SOBRE O MERCADO DE AÇÕES

PARTE 02

CAPÍTULO 12
NOÇÕES BÁSICAS SOBRE O MERCADO DE AÇÕES

Para você entender o que é uma ação, vou contar uma breve história. A história do Rafael.

Rafael era um trabalhador muito dedicado e que sempre teve o sonho de abrir uma pequena fábrica de calçados. Ele poupou dinheiro por muitos anos até conseguir realizar seu sonho e montar sua própria empresa chamada FreeShoes.

O negócio de calçados floresceu e, após alguns anos, a FreeShoes começou a faturar 20 milhões de reais por ano. Rafael resolveu, então, abrir novas fábricas e expandir as operações para fora do país. Para financiar essa expansão, ele precisava de um investimento significativo de 10 milhões de reais. Pensou em realizar um empréstimo bancário, mas percebeu que a taxa de juros era muito alta, o que iria inviabilizar o projeto. A única opção que lhe restou, então, foi vender para investidores uma participação em seu negócio, tornando-os sócios da FreeShoes.

Você deve estar pensando que esses investidores eram homens de negócios, muito ricos. Certo? Errado! Os investidores que Rafael procurou eram pessoas comuns como eu e você, que obtêm renda a partir do trabalho e poupam uma parcela todo mês. Contudo, se ele oferecesse a participação na FreeShoes para poucas pessoas, cada investidor deveria desembolsar um valor bem alto. É como se dividíssemos uma torta em apenas poucas fatias, cada uma bem grande. Nesse caso, se fossem apenas dez investidores, cada um deveria investir 1 milhão de reais. Portanto, para atrair os pequenos investidores, a FreeShoes foi dividida em 1 milhão de pequenas partes, cada uma valendo dez reais. Essas pequenas partes são chamadas de ações.

Em outras palavras, uma ação no mercado nada mais é do que uma pequena parcela de uma empresa real, um negócio de verdade. Quando compra uma dessas ações, você se torna um dos proprietários dessa empresa, sócio de Rafael. Simples assim.

Nesse exemplo, cada ação representa a milionésima parte do negócio. Se você quiser, pode comprar apenas uma ação, custando somente dez reais. E se, a qualquer momento, você não quiser ser mais sócio do Rafael, pode vender suas ações para outra pessoa que queira, já que essa negociação é muito fácil e rápida de se fazer. O local onde essas ações são compradas e vendidas se chama Bolsa de Valores.

A Bolsa funciona basicamente como um leilão, onde as forças de oferta e demanda determinam os preços das ações a todo instante. Hoje em dia ela não é mais um espaço físico, e sim um ambiente eletrônico. No Brasil, só existe uma Bolsa, que se chama B3, a antiga BM&F Bovespa, cuja sede fica na cidade de São Paulo.

Segundo dados de maio de 2021, mais de 400 empresas eram negociadas na B3 com valor total de mercado de R$ 5.470.439.675. Esse montante representa a soma do valor de mercado de todas as empresas negociadas em Bolsa. O volume médio de negociação diária girava em torno de 32 bilhões de reais, e o número total de investidores somava 3.687.026, representando 1,7% da população brasileira.

Pode não parecer, mas esse é um número bastante baixo, se comparado a outros países. Para você ter uma ideia, metade da população dos Estados Unidos investe em ações. Na Europa e na Ásia, a proporção gira em torno de 20 a 30% da população, dependendo do país, mas nem precisamos ir muito longe para perceber o tamanho dessa discrepância. Na Colômbia, por exemplo, que tem uma população de 49 milhões de habitantes, existem mais de 3 milhões de pessoas cadastradas na Bolsa. Dizer que 1,7% de brasileiros investem na Bolsa significa dizer que cerca de 98% das pessoas não desfrutam dos benefícios que o investimento no mercado de ações oferece.

Agora que você já sabe que uma ação é essencialmente parte de um negócio real, talvez esteja se perguntando como pode se beneficiar desse investimento. Para falar sobre isso, vamos voltar à história do Rafael.

Alguns anos se passaram e Rafael é, agora, um grande empresário que está pensando em se aposentar. Ele já não faz mais parte do dia a dia das operações da FreeShoes, e sua presença no negócio é apenas simbólica. Então, nesse momento, Rafael tem duas opções: continuar com suas ações ou vendê-las no mercado. Se continuar com as ações, Rafael receberá todo ano uma parte dos lucros da empresa, já que ele possui uma participação grande no negócio. Essa parcela, como já vimos anteriormente, se chama dividendos e é a primeira forma de ser remunerado com ações. Agora, se optar por vender suas ações, Rafael irá embolsar uma grande quantia, mas não receberá mais nenhum lucro futuro da companhia porque não será mais sócio dela.

Da mesma forma que Rafael pode decidir manter ou vender suas ações, cada investidor também pode fazer essa escolha. Eles podem comprar ou vender suas ações a qualquer momento. Se decidir manter as ações, o investidor continuará sendo sócio da companhia e receberá dividendos. Se preferir vendê-las, ele abrirá mão da participação no negócio e embolsará o valor de mercado de suas ações, lembrando que o preço das ações pode variar conforme o humor do mercado.

Porém, para a venda ter valido a pena devemos considerar também quanto o investidor pagou para comprar essas ações. A diferença entre o preço da venda e o da compra se chama ganho de capital, e essa é a segunda forma de ser remunerado com ações. Para que o investidor obtenha um bom ganho de capital, ele deve vender suas ações por um preço maior do que pagou. Digamos, por exemplo, que determinado investidor tenha comprado 2 mil ações pelo preço de dez reais cada. Nesse caso, essa pessoa teria investido o total de 20 mil reais. Se, após 1 ano, ele conseguir vender todas as ações pelo preço de 15 reais por ação, terá um ganho de capital de 10 mil reais. Veja como o cálculo é simples:

> Preço de venda - Preço de compra =
> Lucro/Prejuízo x Quantidade de ações
>
> R$ 15,00 (Preço de venda) -
> R$ 10,00 (Preço de compra) =
> R$ 5,00 (Lucro/Prejuízo) x
> 2 mil (Quantidade de ações) =
> R$ 10.000,00

Contudo, ao vender uma ação, o investidor pode ter renunciado a toda a valorização futura da ação caso seu preço venha a aumentar após a venda. Nesse caso, ele também estará abrindo mão de todos os dividendos futuros. Mais adiante vamos descobrir quando a venda de ações é justificada, de acordo com o Método KISS.

Como vimos, existem duas formas de ser remunerado com ações: através do recebimento de dividendos e obtendo ganho de capital ao vender as ações. A soma desses dois componentes dá o retorno total para você, investidor. Cabe ressaltar, porém, que, dessas duas alternativas, a única que adotamos no Método KISS é o recebimento dos dividendos. O ganho de capital não faz parte da metodologia de acumulação de patrimônio para alcançar a liberdade financeira, pois nosso objetivo ao longo da jornada é acumular ativos de valor, e não negociar esses ativos freneticamente. Em algumas situações específicas, claro, é aceitável e recomendado que você venda suas ações, mas vamos tratar dessas questões com detalhes mais adiante.

CURIOSIDADE

Você já escutou os termos *bull market* e *bear market* para se referir ao momento do mercado de ações? Essa é uma analogia bem curiosa e interessante que vale a pena contar aqui para você. Em português, essas expressões significam, respectivamente, *mercado do touro* e *mercado do urso*, e estão relacionadas aos movimentos de alta e baixa do mercado de ações na Bolsa. A explicação é bem simples. O *bull market* se refere ao mercado de alta e está associado ao touro porque esse animal, quando ataca, realiza um movimento de baixo para cima com os chifres. Já o *bear market* se refere ao mercado de baixa e está associado ao urso porque, ao atacar, ele realiza um movimento de cima para baixo com suas patas. Interessante, não acha?

PROCESSO DE ABERTURA DE CAPITAL – IPO

Agora que você já sabe o que são ações e como pode ser remunerado com elas, está na hora de entender como acontece uma abertura de capital no mundo real, ou seja, como funciona na prática quando uma empresa lança suas ações no mercado.

Esse processo funciona de modo semelhante no Brasil e em todas as demais Bolsas espalhadas pelo mundo. Quando uma empresa decide colocar suas ações para negociação no mercado, ela precisa realizar uma oferta inicial, na qual oferece suas ações para o público. No mundo real, essa abertura de capital é chamada de IPO, do inglês *Initial Public Offering*. Como o próprio nome diz, é quando uma empresa vende ações para o público pela primeira vez.

Como você já sabe, o principal motivo que leva uma empresa a abrir capital na Bolsa é a captação de recursos financeiros para financiar seus projetos de expansão. Esses recursos são obtidos por meio da venda dessas novas ações, que são compradas pelos atuais ou por novos acionistas. É uma espécie de oferta inaugural dos papéis de uma empresa que acaba de abrir capital.

A partir do momento em que uma empresa realiza uma IPO, ela passa a operar como uma empresa de capital aberto. Isso quer dizer, basicamente, que parte de seu capital foi fracionado em ações que qualquer um pode comprar, bastando, para isso, pagar o preço determinado pela cotação do dia.

MERCADO PRIMÁRIO E MERCADO SECUNDÁRIO

Agora, para entender com mais detalhes como funciona esse processo de oferta de ações, você precisa entender a diferença entre mercado primário e mercado secundário. O conceito é bem simples.

Mercado primário, ou oferta primária, é aquele em que a base acionária da empresa aumenta. Trata-se de uma emissão de novas ações que expandem o número total de ações existentes, e cujos recursos levantados com a venda são embolsados pela companhia. Em outras palavras, esse valor captado na venda das ações vai diretamente para o caixa da empresa e será usado nas operações internas ou em novos projetos.

Por sua vez, o conceito de mercado secundário, ou oferta secundária, é diferente, porque não envolve o lançamento de novas ações, e o capital social da empresa continua exatamente igual. Trata-se, na verdade, da redistribuição de ações já existentes que estão em poder de acionistas específicos, e serão eles que irão embolsar o valor proveniente da venda dos papéis. Em outras palavras, a oferta é secundária porque não é encabeçada pela própria empresa, e sim por investidores que detêm determinado volume de ações da companhia em questão. Nesse caso, o dinheiro não vai para o caixa da empresa, mas sim para o bolso daqueles que realizaram a venda dos papéis. Digamos, por exemplo, que existe uma empresa na qual o fundador detém uma participação grande de 50% das ações. Ele pode, em determinado momento, resolver vender uma parte dessas ações porque quer comprar um apartamento, por exemplo. Logo, o dinheiro da venda vai para o bolso do fundador, e não para o caixa da empresa.

Para complementar, vale destacar que quando você acessa o *Home Broker* — sistema que possibilita negociar ações e outros ativos de forma simples e rápida, por meio de um aplicativo que pode ser acessado diretamente do smartphone — para realizar suas compras, está lidando com o mercado secundário, pois todas as ações ofertadas ali estão em posse de outros investidores. Por isso, quando compra ações na Bolsa, salvo em IPO, você está comprando de outros investidores e o dinheiro vai parar no bolso deles, e não no da empresa, pois esta já não tem mais nenhuma relação nessa transação; teve somente na abertura de capital.

Agora, você deve estar se perguntando se, de acordo com o Método KISS, vale a pena investir em empresas que estão abrindo capital num IPO, e a resposta é direta e reta: não. Os motivos são os seguintes:

PRIMEIRO: Há uma grande expectativa por parte do mercado para essas ofertas, e isso costuma inflar demais o preço das ações. Em outras palavras, as ações são, na maior parte das vezes, lançadas a preços não atrativos, ou seja, estão caras, se comparado ao que deveriam valer.

SEGUNDO: Normalmente as empresas resolvem abrir capital quando o cenário econômico é favorável, para que consigam captar mais recursos. No entanto, isso também faz com o preço das ações no lançamento seja supervalorizado.

TERCEIRO: Como se trata de uma empresa nova no mercado, seu histórico de demonstrativos financeiros não é muito longo. Por essa razão, fica mais difícil fazer uma boa avaliação fundamentalista sobre a empresa. Se podemos comprar ações de empresas conhecidas e com grande histórico de demonstrativos financeiros, por que investir numa aposta? Lembre-se que estamos numa maratona, e não numa corrida de 100 metros.

Com isso, não quero dizer que investir em IPO seja um péssimo negócio. Em alguns casos pode fazer sentido, mas não se estiver começando no mundo dos investimentos e seguindo os princípios do método KISS. Com o passar do tempo, conforme você for se desenvolvendo como investidor, terá mais discernimento para avaliar esse tipo de oportunidade. Como já disse algumas vezes, tenha sempre bom senso em todas as suas decisões.

Entre 2003 e 2008, tivemos um *bull market* no mercado de ações brasileiro e, com isso, muitas empresas resolveram aproveitar esse bom momento para abrir capital e lançar suas ações no mercado. Durante esses anos, tivemos dezenas de IPOs e, por estar trabalhando na Gerdau naquela época, no setor responsável pela gestão de renda variável do fundo de pensão dos funcionários e da própria família Gerdau, acompanhei muitos desses lançamentos de perto. Inclusive, já tive que ler diversos prospectos de oferta pública, que eram, basicamente, um livro grosso que explicava toda a oferta.

No dia da inauguração, a demanda era tão grande que as ações já abriam em forte alta logo nas primeiras horas de negociação. O que muita gente fez — e eu me incluo nisso — era reservar um valor para o IPO e vender logo nos primeiros dias de negociação, pois o preço costumava subir de forma expressiva, chegando a até 50% só no primeiro dia. Isso acontecia porque muitos investidores institucionais, ou seja, os grandes fundos, não conseguiram reservar todo o valor que pediam e tinham que comprar no mercado depois que começavam as negociações. Lembro também que muita gente colocava o CPF de familiares para reservar mais dinheiro. Era uma tremenda farra. O legítimo dinheiro fácil. Porém, depois de algum tempo essas negociações começaram a não funcionar mais porque o mercado desaqueceu.

Essa é a razão pela qual eu não recomendo fazer esse tipo de operação: o risco é grande. Se o preço cair, você vai ter que vender no prejuízo. Isso é claramente uma abordagem especulativa e, como você já sabe, no Método KISS a nossa abordagem é de investimento. Portanto, não faça isso.

CAPÍTULO 13

MITOS SOBRE INVESTIMENTO EM AÇÕES

De modo geral, as pessoas costumam associar os termos "mercado de ações" ou "Bolsa de Valores" a uma imagem ruim. Pode ser que também seja o seu caso. Isso ocorre com frequência porque existem muitos mitos e informações equivocadas sobre o mercado de ações.

Como você já deve ter percebido, a verdade é que o mercado de ações é um ótimo lugar para investir seu dinheiro no longo prazo — basta seguir o Método KISS. Por isso, vamos, agora, tratar dos quatro principais mitos que envolvem esse assunto. Acredito que o 1º e 4º sejam os que mais levam as pessoas a querer distância da Bolsa.

MITO NÚMERO 1:
O mercado de ações é considerado um cassino.

Você certamente já deve ter ouvido por aí frases como "A Bolsa é perigosa porque conheço muita gente que já perdeu dinheiro com ações", ou "A Bolsa é muito arriscada porque os preços das ações oscilam demais" e, por fim, "Já tentei investir em ações no passado e me dei mal porque é igual jogo de azar". De fato, investir em ações tem os seus riscos, mas essas frases só serão verdadeiras se você não souber o que está fazendo. Investir em ações realmente será arriscado se você confundir especulação com investimento, se não controlar o risco e não souber analisar as ações.

Para ilustrar esse conceito, farei uma pergunta simples: o que você responderia se eu te perguntasse se é arriscado dirigir de São Paulo ao Rio de Janeiro a 200 km/h de noite com chuva torrencial e baixíssima visibilidade? Provavelmente, você me diria que é muito perigoso, certo? Agora, se eu perguntar a você se é arriscado dirigir de São Paulo ao Rio de Janeiro a 90 km/h num dia de sol, com pista seca e pouquíssimo trânsito, o que você responderia? Provavelmente, você me diria que não é nada perigoso. Bom, no caso na Bolsa de Valores é a mesma coisa. Investir em ações pode ser arriscado ou não, tudo vai depender do modo como você irá fazer.

Se você encarar a Bolsa como um cassino, cuidado, pois as chances de perder grandes quantias de dinheiro serão enormes, uma vez que você estará especulando e sendo um jogador. Como você deve saber, em um cassino as chances sempre estão contra você, já que ele trabalha com as probabilidades de ganho a favor de si mesmo. É claro que você pode vencer uma vez ou outra, mas, se permanecer jogando por muito tempo, sairá perdedor.

É importante ter em mente que a Bolsa de Valores não foi feita para deixar as pessoas ricas da noite para o dia, mas, sim, ao longo de anos, valorizando as ações de empresas boas, que criam riqueza para a sociedade e para seus acionistas. É através da Bolsa que qualquer pessoa pode ser parceira de grandes negócios, se beneficiando dos lucros gerados pelos projetos empresariais. Se você lidar com o mercado de ações da forma correta — que é a forma como 90% das pessoas que enriqueceram na Bolsa encaram —, suas chances de sucesso no longo prazo serão muito boas. Lembre-se de que os juros compostos demoram para agir, mas eles recompensam de uma forma incrível aqueles que têm paciência para esperar.

O verdadeiro investidor KISS tem uma visão diferente: a visão de comprar pequenas participações em empresas. Quando você adquire essas participações, está se tornando sócio dessas empresas, participando do crescimento do negócio e da distribuição dos lucros através dos dividendos. Esse é o caminho que eu acredito, que faço para mim há mais de 15 anos como investidor e que recomendo e ensino para a comunidade de mais de 450 mil investidores do GuiaInvest.

Contudo, não basta investir em qualquer ação. Investir do jeito certo significa saber selecionar as ações das boas empresas, e as boas empresas têm algumas características em comum, tais como alta lucratividade, dívida equilibrada e gestão competente. O reflexo dessas características na Bolsa de Valores é simples de observar. Como já comentei anteriormente, existe uma correlação positiva entre os lucros da empresa e o valor negociado na Bolsa, o que significa que no longo prazo a cotação segue o lucro, como já dizia Peter Lynch, um renomado gestor de fundos americanos. Os dois andam juntos, e isso quase ninguém fala por aí.

O que muita gente também não diz é que a oscilação frenética do preço das ações no curto prazo é uma vantagem para o investidor que segue o Método KISS. Por incrível que pareça, a volatilidade da Bolsa é a melhor amiga do investidor em ações de longo prazo, pois é ela que permite que você faça ótimas compras em momentos de queda do mercado.

Veja que interessante o estudo apresentado a seguir, que elaborei no período de 2002 a 2018. Na linha oscilante está todo o histórico de preços da ação da Weg, enquanto a linha reta mostra apenas a cotação inicial até a cotação atual, de forma linear. O propósito disso é simular um cenário em que o preço da ação não oscilasse, mas somente subisse ininterruptamente ao longo do tempo.

Volatilidade x Estabilidade

——WEGE3 ——Linear

Esse é o tipo de cenário que parece atraente para qualquer investidor, afinal, você teria ganhos de renda variável com a estabilidade da renda fixa. Certo? Errado! Ao fazer uma simulação de aporte mensal de mil reais levando em consideração o histórico real de preços e esse mesmo aporte mensal no cenário hipotético em que o preço da ação subiu em linha reta dentro do mesmo período, sem nenhuma volatilidade, temos a seguinte situação:

**Volatilidade x Estabilidade
(aportes mensais)**

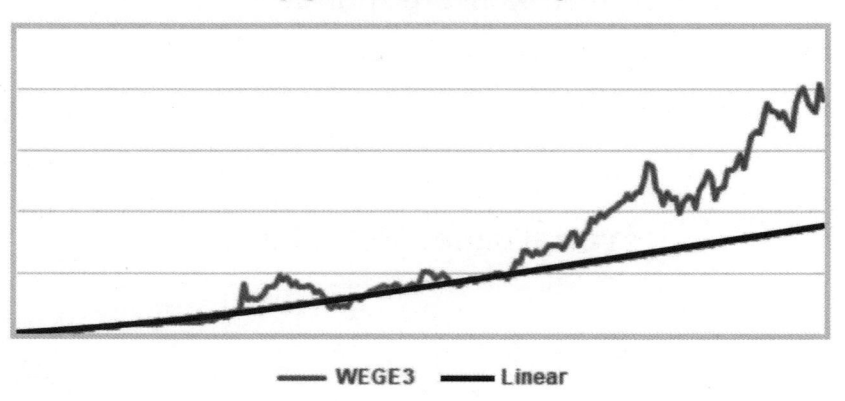

―― WEGE3   ―― Linear

Considerando o cenário real, um aporte mensal nas ações da Weg teria acumulado um patrimônio de R$ 1.914.000,00. No cenário hipotético, em que não há volatilidade, o acúmulo de patrimônio teria sido de 880 mil reais, menos da metade do cenário real. Isso ocorre porque a volatilidade permite que você compre mais ações quando o preço está abaixo do normal. Se, no curto prazo, a volatilidade assusta alguns investidores, no longo prazo ela é sua maior aliada.

É dessa forma que você ganha dinheiro em momentos de pânico do mercado. É assim que os investidores da Bolsa aumentam seus patrimônios. E é nessas horas que os desavisados quebram, saem da Bolsa de Valores e nunca mais retornam.

MITO NÚMERO 2:
Investir em ações é para quem tem muito dinheiro.

Sobre este segundo mito, as frases mais escutadas por aí são: "É preciso muito dinheiro para começar a investir na Bolsa", ou "Não vale a pena investir pouco dinheiro na Bolsa" e, por fim, "Só ganha dinheiro quem já tem muito dinheiro". A verdade, porém, é que você pode investir em ações com menos de 100 reais.

Existem duas formas de comprar ações na Bolsa de Valores: através do lote padrão ou do mercado fracionário. No lote padrão, você negocia em múltiplos que podem ser qualquer quantidade, desde que seja múltiplo de 100, por exemplo: 500 ações (5 lotes), 1000 ações (10 lotes) e por aí vai. No mercado fracionário é possível comprar ações em quantidades menores que as do lote padrão. Assim, uma empresa com lote padrão de 100 ações também pode ser negociada em quantidades menores, geralmente de apenas 1 ação. Se o investidor não puder, ou não quiser, comprar as 100 ações de um lote padrão, ele poderá comprar, por exemplo, apenas 1 ação, ou apenas 57 ações, ou, ainda, 99 ações, desde que a quantidade negociada seja menor que o lote padrão, obviamente.

Vejamos um exemplo prático: se quiser comprar ações da Ambev, que estavam valendo 11 reais no momento que escrevo este livro, você precisaria de R$ 1.100,00 para comprar um lote de ações. Porém, se preferir, você pode comprar apenas uma ação através do mercado fracionário. Nesse caso, com apenas onze reais você já se torna investidor do mercado de ações. E se você está achando que na prática não faria sentido comprar apenas uma ação, já que existem custos de corretagem, aqui vai a boa notícia: existem corretoras que não cobram taxas de corretagem nem de custódia. Isso mesmo, elas isentam o investidor de todas as taxas envolvidas! Nesse caso, você pode, sim, comprar apenas uma ação sem custos adicionais.

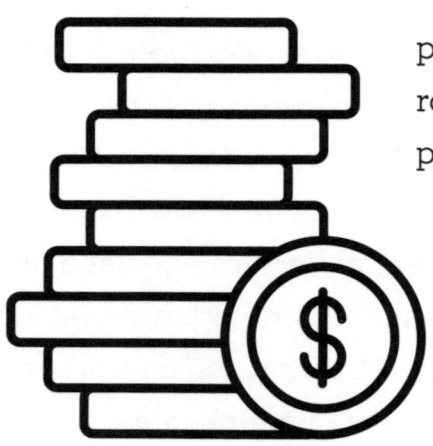

Viu só como não é preciso ter muito dinheiro para começar a participar do mercado de ações? Qualquer valor, por menor que seja, já te permite iniciar. Por isso, não há mais desculpa para não começar.

Lembre-se daquele ditado antigo: "De grão em grão, a galinha enche o papo".

A grande verdade é que a Bolsa de Valores é lugar não apenas de pessoas ricas, mas também de pessoas que querem se tornar ricas um dia. Os ricos de hoje foram aqueles que começaram com pouco no passado, o que nos leva a outro ponto relevante:

> **PEQUENOS VALORES PODEM SE TRANSFORMAR EM QUANTIAS EXPRESSIVAS SE VOCÊ INVESTIR EM AÇÕES E PERMANECER COM ELAS NO LONGO PRAZO.**

Pelo QR Code a seguir, você terá acesso a um material especial que preparei sobre um estudo impressionante, mostrando quanto um investidor teria em agosto de 2019 se tivesse aplicado 15 mil reais em algumas ações de boas empresas em janeiro de 2004, ou seja, num período de 15 anos. Para acessar essa simulação, aponte a câmera do seu celular para o código a seguir ou baixe o aplicativo QR Code Reader.

MITO NÚMERO 3:
É preciso dedicar muito tempo para investir em ações com sucesso.

Sobre este mito, as frases mais faladas por aí são: "É preciso dedicação integral para ganhar dinheiro na Bolsa", ou "É preciso ficar olhando o mercado diariamente para ganhar na Bolsa" e, por fim, "Não tenho tempo livre para estudar, selecionar e analisar as empresas da Bolsa". Por mais estranho que possa parecer, a verdade é que vinte minutos de dedicação mensal já são o suficiente para se tornar um investidor bem-sucedido na Bolsa — mas isso, é claro, com a ajuda do Método KISS.

A imagem de que você precisa ficar acompanhando o sobe e desce do preço das ações diariamente é totalmente equivocada. Como já mencionei, quem faz isso são os profissionais conhecidos como *traders*, ou seja, os especuladores do mercado, aqueles que realizam operações rápidas de curto prazo com o intuito de lucrar com a diferença de preço das ações. Eles compram na baixa e vendem na alta, ou vendem na alta para comprar na baixa. Essa é uma profissão como qualquer outra — aliás, uma profissão bem difícil. Não são muitos os *traders* profissionais que conseguem ter resultados realmente satisfatórios. Um estudo da FGV mostrou que 97% das pessoas que tentam viver de *trading* perdem dinheiro.

Note que esse não é caso das pessoas comuns que têm suas profissões comuns. O objetivo dessas pessoas é investir em ações de boas empresas, pois, como você já sabe, o preço dessas ações costuma acompanhar os lucros ao longo do tempo; logo, o único trabalho será ficar de olho nos resultados das empresas. Além do mais, empresas com ações negociadas na Bolsa são obrigadas por lei a divulgar publicamente seus demonstrativos financeiros a cada três meses, e são esses números que realmente interessam para o investidor KISS.

Entenda que as variações de preço das ações no curto prazo são apenas um reflexo do humor do mercado, e não necessariamente do valor da empresa. É por isso que 20 minutos por mês é o tempo necessário para você avaliar sua carteira, decidir quais ações comprar e realizar seus aportes. Essa metodologia de investimento permite a você ter ótimos resultados no mercado de ações sem desperdiçar horas preciosas do seu tempo. Com isso, sobra mais tempo livre para fazer coisas que lhe deem prazer, como curtir a família e os filhos.

Preciso confessar uma coisa aqui. Quando comecei a me envolver com investimentos em ações lá em 2004, minha percepção sobre a Bolsa era totalmente diferente da que eu tenho hoje, e é natural que seja assim quando você não tem uma orientação correta e aprende do jeito tradicional, da maneira que o sistema quer que você aprenda. Eu achava que só era possível ganhar dinheiro na Bolsa se ficasse acompanhando o mercado o dia inteiro. Pensava que quanto mais notícias eu lesse, melhores seriam os meus resultados. Para mim foi um absurdo quando escutei pela primeira vez a ideia de olhar os investimentos apenas uma vez por mês. Não fazia sentido! E se algo acontecesse nesse meio tempo?

Sei que é difícil assimilar essa ideia num primeiro momento, pois ela é contraintuitiva. É contra o senso comum. (Como se o fato de ficar olhando o sobe e desce das ações sugerisse maior controle sobre os meus investimentos...). Enfim, não se sinta mal se alguns conceitos apresentados aqui parecerem estranhos à primeira vista.

E agora vamos para o último e mais comum mito sobre a Bolsa.

MITO NÚMERO 4:
O mercado de ações exige conhecimentos avançados de finanças e economia.

Sobre este quarto mito, as frases mais faladas por aí são: "Preciso ter muito conhecimento para investir na Bolsa", ou "Para ter sucesso na Bolsa é preciso saber o momento certo de entrar e sair de lá" e, por fim, "É muito complicado saber identificar as melhores ações para investir". É claro que investir em ações requer um mínimo de dedicação, como qualquer coisa importante na vida. Como diria um amigo meu, tudo que vale a pena na vida dá, no mínimo, um pouco de trabalho.

Muitos pensam que investir em ações é complicado porque ainda não estão familiarizados com o assunto, mas isso não significa que essa atividade seja, de fato, complicada. Você pode aprender a analisar ações da mesma forma que aprende como dirigir um carro, por exemplo. Quanto mais você praticar, melhor vai ficar.

É fácil saber por que a maioria das pessoas acha que o mercado de ações é complicado: a imagem que se tem da Bolsa de Valores é a de um monte de homens de gravata, super ocupados na frente de diversos monitores, lendo relatórios, gráficos, discutindo estratégias complicadas e falando jargões específicos sobre o mercado financeiro. Como investidor que segue o Método KISS, você não precisa de nada disso. Não precisa saber todos esses jargões complicados, tampouco entender fórmulas complexas e estratégias difíceis. O mais importante é você aprender como escolher as empresas certas, investir nelas regularmente e permitir que seu dinheiro cresça ao longo do tempo.

As ações de boas empresas costumam apresentar algumas características em comum, dentre elas alta lucratividade, baixo endividamento e gestão competente. Antes da era da computação, os investidores precisavam comprar jornais e ler páginas e mais páginas de relatórios financeiros das empresas para calcular esses indicadores extraindo os dados do demonstrativo de resultados e balanço patrimonial. Hoje, esses indicadores já são automaticamente calculados e disponíveis através de ferramentas de seleção e análise de ações. O GuiaInvest é uma delas, e surgiu com a intenção de oferecer todos os principais indicadores fundamentalistas das empresas negociadas em Bolsa.

Acredite, você pode ter sucesso investindo em ações sem precisar fazer um MBA de Finanças em Harvard. O lado contraintuitivo do investimento em ações é que o sucesso está mais atrelado ao comportamento do investidor do que ao seu conhecimento técnico no assunto. Se você souber dominar o seu lado emocional, suas chances de sucesso aumentam drasticamente diante dos outros investidores, que, mesmo que tenham mais conhecimento, não sabem lidar com suas emoções. A esse respeito, Warren Buffett diz o seguinte:

> "Não é necessário fazer coisas extraordinárias para conseguir resultados extraordinários.
> Ao investir periodicamente em ações, o investidor que não sabe nada pode realmente superar a maioria dos profissionais de investimento."

CAPÍTULO 14

AS DUAS PRINCIPAIS ESCOLAS DE ANÁLISE DE AÇÕES

Na primeira parte deste livro, vimos que especulação é diferente de investimento, e agora vamos aprender a investir, e não especular. Antes, porém, vamos relembrar esta tabela:

	Especulação	Investimento
Prazo	Curto (dias, meses)	Longo (décadas)
Objetivo	Lucrar no curto prazo	Acumular patrimônio para viver de renda
Foco	Preço (volatilidade)	Valor (fundamentos)
Risco	Alto	Baixo
Escola	Técnica ou gráfica	Fundamentalista

Perceba que, para cada abordagem, temos uma escola específica de análise de ações. Na abordagem especulativa, temos a escola da análise técnica ou grafista, e para a abordagem de investimento, temos a escola da análise fundamentalista.

Antes de avançarmos, cabe aqui uma observação importante: não existe escola melhor ou pior. Quando lidamos com o mercado de ações, não existe uma verdade única sobre o que é melhor ou mais efetivo, mas somente aquilo que é mais adequado para determinado objetivo ou situação. Como você já deve ter percebido, o Método KISS segue princípios bem claros e definidos, dentre eles a abordagem de investimento, que acreditamos ser a mais efetiva para o sucesso da liberdade financeira. No entanto, é importante que você conheça a escola de abordagem especulativa porque, por ser bastante difundida no mercado, você será exposto a ela em um determinado momento e poderá ficar tentado a usá-la. Meu objetivo é evitar que isso aconteça, para que a sua caminhada de investidor de longo prazo não seja prejudicada.

ANÁLISE TÉCNICA

A análise técnica se baseia na hipótese de que a variação no preço das ações segue um padrão que se repete ao longo do tempo. Assim, quem utiliza essa estratégia busca encontrar o melhor momento para comprar e vender uma ação, a fim de lucrar com a variação do preço sofrida em um curto período. Esse sobe e desce pode acontecer no mesmo dia, o que chamamos de *day trading*. Quando a variação ocorre dentro de alguns dias ou algumas semanas, damos o nome de *swing trade*.

Veja que a análise técnica é uma abordagem de especulação, pois o que importa para o sucesso é a variação do preço da ação no curto prazo, e não a ação em si. Para o analista técnico, é irrelevante se a ação é de uma empresa renomada, com bons fundamentos, ou de uma empresa com péssimos números. A qualidade do ativo é completamente ignorada em ambos os casos, pois o que importa para o analista técnico é o comportamento do preço da ação e nada mais.

Cabe destacar que não há problema nenhum em especular, desde que você especule só o dinheiro que não se importar em perder, ou seja, uma quantia pequena frente ao seu patrimônio. Além do mais, é muito importante que você não confunda especulação com investimento. O problema acontece quando as pessoas começam a acreditar no enriquecimento fácil através dessa abordagem e passam a achar que especulação é a solução da vida delas.

A essa altura, você pode estar se perguntando por que a escola da análise técnica, apesar dos problemas que tem, é amplamente usada e promovida pelo mercado. Aqui vão algumas razões do porquê de ela ser tão popular:

- Atende a necessidade psicológica do ser humano de gratificação instantânea, sendo, por isso, muito usada nos *trades* de curto prazo.
- As corretoras adoram promover essa abordagem, porque estimula os clientes a realizar um número maior de transações. O resultado? Maior receita com corretagem.
- A facilidade do uso da análise gráfica é altamente sedutora, porque só é necessário um computador, uma base de dados e um software de análise técnica que agilize a identificação das formações gráficas e exibição dos indicadores técnicos.
- Gera uma sensação de controle e domínio da técnica, já que, com apenas um cursinho básico de final de semana, qual-

quer pessoa pode começar a realizar operações com ações. Além disso, os resultados podem, por questões probabilísticas, aparecer imediatamente por pura sorte, e isso fará com que a autoconfiança do investidor novato aumente.

Infelizmente, a maioria das pessoas que se aventuram nesse caminho acaba quebrando e perdendo grandes quantias de dinheiro com ações por causa das razões que listei. Aposto que você conhece pelo menos uma pessoa que já sofreu grandes perdas no mercado de ações por acreditar no sonho do dinheiro rápido.

No livro *O investidor inteligente* há uma referência à análise gráfica que diz o seguinte:

> "O único princípio que se aplica às abordagens gráficas de análise é que se deve comprar porque uma ação ou mercado subiu e deve-se vender porque começou a baixar. Isso é exatamente o oposto daquilo que funciona em outras atividades empresariais e dificilmente levará ao sucesso duradouro em Wall Street."

A única coisa que sabemos com certeza sobre a análise gráfica é que é possível ganhar a vida ministrando cursos e escrevendo livros sobre o assunto. A grande verdade é que a única forma de ganhar dinheiro fácil é vendendo a promessa do dinheiro fácil, e é por isso que a análise técnica é tão difundida por aí.

E aqui vai uma curiosidade interessante sobre a análise técnica: eu nunca vi uma empresa de gestão de fundos de ações, que administre grandes patrimônios, afirmar que sua filosofia de investimento segue as técnicas de análise gráfica. Por outro lado, no caso da abordagem financeira ou fundamentalista, temos diversas empresas adeptas desse tipo de análise — muitas delas, inclusive, muito bem-sucedidas.

Neste ponto da leitura, eu imagino que já esteja bem claro para você que a especulação não é uma boa ideia para quem deseja acumular riqueza e alcançar a liberdade financeira. Sei que soa repetitivo dizer mais uma vez que a especulação deve ser encarada mais como diversão do que como uma forma sistemática de enriquecimento no longo prazo, mas saiba que mais importante do que saber o que fazer é saber o que não fazer quando lidamos com investimentos, e é por isso que tenho reforçado todos esses pontos importantes.

Entre outubro de 2002 e maio de 2008 a Bolsa brasileira subiu de forma expressiva. Foi um *bull market* que durou 5 anos e 7 meses e fez a Bolsa multiplicar por 21 vezes em dólar no período. Eu vivi essa fase porque comecei a investir em 2004, e lembro-me de que havia uma grande oferta de palestras e cursos de análise técnica naquela época, principalmente por parte das corretoras.

É claro que não há como negar que esse período ajudou a disseminar o investimento em Bolsa no Brasil. Para você ter uma ideia, naquela época, em 2004, somente 117 mil CPFs estavam cadastrados na Bolsa, enquanto hoje temos 3,6 milhões. Por outro lado, porém, esse cenário estimulou uma abordagem especulativa que levou muitas pessoas a arriscar demais e, consequentemente, perder dinheiro. Enquanto o mercado estava subindo, todo mundo faturava, mas, quando a sorte virou, em 2008, muitos foram extremamente prejudicados com um grande prejuízo financeiro.

A meu ver, ensinar a análise técnica para iniciantes é uma abordagem perigosa porque cria uma ilusão de dinheiro fácil quando, na verdade, os riscos envolvidos são muito maiores, uma vez que pode levar a grandes prejuízos financeiros — muitas vezes irrecuperáveis — e fazer com que esses investidores nunca mais retornem à Bolsa. Na época desse *bull market*, a euforia era tão grande que um colega da faculdade chegou a comentar que fez um curso rápido de análise técnica e iria largar o emprego para viver operando na Bolsa. Acho que não preciso nem dizer que essa ideia não deu muito certo...

ANÁLISE FUNDAMENTALISTA

Até agora você aprendeu que um dos princípios do método KISS é investir em ativos de valor, e aqui estamos falando de ações de boas empresas. Mas como identificar uma boa empresa? É nesse momento que entra em pauta a análise fundamentalista.

Como o próprio nome já diz, a análise de fundamentos é o estudo dos fundamentos das empresas. Diferentemente da análise técnica, a análise fundamentalista não se preocupa em estudar o comportamento dos preços das ações de maneira isolada, mas, sim, de maneira comparativa ao seu valor.

O precursor dessa escola foi Benjamin Graham, um professor da Universidade de Columbia que também é conhecido como o pai do investimento em valor. Graham defendia que o preço de uma ação deve refletir a expectativa de lucros futuros, tendo em vista seu fluxo de caixa em determinado momento. Em outras palavras, ele buscava indicadores econômico-financeiros para identificar empresas que tinham potencial de crescimento e valorização. Um dos seus alunos, e um dos maiores adeptos do investimento em ações pela análise fundamentalista, é o famoso investidor Warren Buffett, que tantas vezes menciono aqui neste livro. Buffett é bastante conhecido por utilizar a estratégia de comprar ações de boas empresas negociadas a preços atrativos e mantê-las por tempo indeterminado, ou seja, ele compra ações de empresas que passam por alguma crise ou estão subvalorizadas e aguarda períodos de médio e longo prazo para capturar as grandes valorizações de preço. Podemos dizer, portanto, que a análise fundamentalista também estuda as causas do movimento de preço das ações no mercado. Essa escola trabalha com dados provenientes do estudo econômico-financeiro e mercadológico das empresas.

A análise fundamentalista funciona como uma ferramenta eficaz para que você possa fazer um verdadeiro retrato de uma empresa listada em Bolsa de Valores e, assim, decidir se vale a pena investir no ativo. Por meio dessa abordagem, o investidor avalia a saúde financeira das empresas, o cenário econômico em que elas estão inseridas e estipula um preço justo para as ações considerando o seu histórico e potencial de gerar valor no longo prazo. Aqui podemos retomar aquele conceito que diz: "Preço é o que você paga, valor é o que você recebe".

Um ingrediente muito importante para a análise fundamentalista é o estudo das demonstrações financeiras. Os demonstrativos financeiros mais relevantes são: o balanço patrimonial, a Demonstração do Resultado do Exercício (DRE) e o Demonstrativo de Fluxo de Caixa (DFC). Desses demonstrativos são extraídos os dados para calcular os indicadores utilizados na análise fundamentalista.

Dentro do Método KISS, nós acreditamos que as ótimas companhias para ser parceiro possuem três características principais:

1. São consistentemente lucrativas

As boas empresas precisam ser consistentemente lucrativas porque o preço da ação acompanha os lucros no longo prazo. Assim, se os lucros crescem, o preço da ação cresce junto. Além disso, empresas lucrativas costumam pagar dividendos regulares, permitindo aos acionistas comprarem mais ações para ganharem mais dividendos e assim por diante, num círculo virtuoso.

2. Possuem dívida equilibrada

As boas empresas devem possuir dívida equilibrada. Se estiver em desequilíbrio, o pagamento de juros de empréstimos pode comprometer o pagamento de dividendos da companhia e, até mesmo, seu crescimento. Para saber se uma companhia possui lucros consistentes e dívida sob controle, você precisará utilizar alguns indicadores específicos de endividamento, que não estão neste livro, mas que ensino no meu curso Investidor Definitivo.

3. Desejam ter acionistas minoritários

É muito importante que a empresa se interesse em ter acionistas minoritários. Esses acionistas, ou apenas minoritários, são pessoas como eu e você que possuem uma pequena parte das companhias em que investimos.

Por outro lado, existem os acionistas majoritários, que possuem grande número de ações das empresas e, assim, influenciam muito as tomadas de decisões. Se esses acionistas tiverem mais de 50% das ações ordinárias, eles têm o controle da empresa e podem, de fato, decidir os rumos da companhia. Algumas companhias se encaixam nesse perfil; são excelentes negócios, muito lucrativos, com pouca dívida, mas não querem acionistas minoritários por perto.

Pense em todas as empresas que existem, hoje, no Brasil, desde as pequenas até as grandes. Atualmente, existem mais de 400 empresas listadas na Bolsa Brasileira, a B3, e quase todos esses negócios possuem o capital fechado, ou seja, não desejam ter acionistas minoritários. Muitas companhias abrem o capital durante um período de alta do mercado de ações e fecham quando o mercado está em baixa.

Luiz Barsi, um dos maiores investidores individuais da Bolsa, chama essa abordagem de usar o minoritário como "papel higiênico". Veja, assim, que, se a companhia não quiser ter acionistas minoritários, não vale a pena ser seu parceiro, uma vez que ela pode fechar seu capital a qualquer hora e, com isso, você terá que dispor de suas ações e nunca mais receberá dividendos da empresa.

※ ※ ※

Agora, para você entender bem a diferença entre a escola da análise técnica e a escola da análise fundamentalista, imagine que você seja um vendedor de latas de atum. Você pode vendê-las a 4, 5, 8 reais, ou qualquer preço que quiser.

Digamos, por exemplo, que, em uma semana, você venda as latas por 5 reais e, na semana seguinte, as vende por 8. Pagar mais caro pelo atum o torna mais gostoso? Claro que não! Independentemente do valor praticado na venda, o atum continua o mesmo, e a pessoa que o comprar só saberá quão bom ele é quando abrir a lata e analisar o produto.

A análise fundamentalista faz exatamente isso, pois trabalha com a ideia de fazer um raio-x da companhia para entender o que, de fato, está sendo vendido, e avaliar se vale a pena comprar suas ações. Na verdade, você já usa a análise fundamentalista no seu dia a dia e nem percebe. Você faz uso dela quando aproveita promoções, descontos e liquidações, pois sabe que é o mesmo produto sendo vendido por um preço menor — e, logicamente, você sempre procura pagar o menor preço possível. Você também está usando a análise fundamentalista quando descobre que um determinado produto é muito melhor que outro e está sendo vendido por um preço menor. Veja, portanto, que se trata de algo bastante intuitivo.

CAPÍTULO 15

OS 7 ERROS QUE LEVAM AO FRACASSO NA BOLSA

É possível observar que a maioria das pessoas que resolvem investir no mercado de ações no Brasil mais perdem do que ganham dinheiro. No entanto, para ser bem honesto com você, confesso que não conheço nenhum estudo específico que trate desse tema, exceto um estudo da FGV que constatou que mais de 90% das pessoas que tentam fazer *day trading* perdem dinheiro — e, considerando minha experiência de 16 anos no mercado e as evidências empíricas obtidas na comunidade do GuiaInvest, posso dizer que se trata de uma triste verdade.

Dito isso, é natural que as pessoas que gostariam de começar a investir fiquem receosas ao ouvir tantas histórias de pessoas que perderam dinheiro nesse mercado. Talvez por isso a fama do mercado de ações não seja das melhores. E, desconsiderando outros fatores, talvez seja também por isso que temos um baixo número de investidores de Bolsa no Brasil, se comparado a outros países.

Mas por que isso acontece? Por que a maioria perde dinheiro na Bolsa de Valores?

A verdade é que não existe uma única estratégia de investimento que funcione em todas as situações, mas existem alguns comportamentos ou boas práticas que fazem mais sentido do que outras. No entanto, muitas vezes, o que leva as pessoas a perderem dinheiro no mercado de ações não tem relação com a estratégia utilizada, mas, sim, com os erros que elas cometem. Você pode aumentar significativamente suas chances de sucesso, desde que esteja ciente desses erros e, ao mesmo tempo, saiba o que fazer para evitá-los. Então, agora vamos tratar de cada um deles, lembrando que podem acontecer não somente com investidores novatos, mas também com os mais experientes.

PRIMEIRO ERRO: Pensar apenas no potencial de retorno das ações

Isso acontece porque muitos investidores ficam tão empolgados com a possibilidade de ganhar dinheiro que se esquecem de avaliar os riscos envolvidos no investimento em ações. Aqui, a ganância fala mais alto e deixa o investidor cego para os riscos potenciais.

Por exemplo: recentemente, tenho visto muitas campanhas alertando sobre o grande potencial do mercado de maconha nos EUA, e de fato algumas ações específicas desse ramo têm apresentado uma valorização expressiva. É bem provável que muita gente compre essas ações pensando somente no quão ricas elas poderão ficar em pouco tempo, sem avaliar os riscos de perder o capital investido — o que eventualmente irá ocorrer, pois nem todas as empresas desse setor irão prosperar.

Qual o comportamento esperado do Investidor KISS para evitar esse erro? Antes de qualquer coisa, o Investidor KISS procura fazer o dever de casa bem-feito. Ele não pensa somente no potencial de valorização, mas também busca reduzir os riscos escolhendo ativos de valor, pois sabe que se escolher bons ativos, mais cedo ou mais tarde o retorno virá.

Como diria Warren Buffett: "Regra número 1: não perca dinheiro. Regra número 2: não esqueça a regra número 1."

SEGUNDO ERRO: Confiar demais nas dicas dos especialistas

Uma frase famosa no mercado diz o seguinte: "Wall Street é o único lugar aonde as pessoas chegam em um Rolls-Royce para obter conselhos daqueles que pegam o metrô". Seguir cegamente as dicas dos especialistas é errado pelos seguintes motivos:

- 💲 Embora os analistas detenham um conhecimento técnico superior, eles são seres humanos que também são influenciados por sentimentos de pânico e euforia. Logo, suas recomendações podem ser enviesadas, e a consequência disso é que estejam errados em suas indicações.

- 💲 Como muitos especialistas são funcionários de bancos e corretoras, eles acabam priorizando os interesses dessas instituições, e não necessariamente os dos investidores, e isso pode prejudicar a qualidade de suas recomendações.

A verdade é que o analista não é vidente; quando ele faz recomendações de compra ou venda de ações, não está prevendo o futuro. Não existem meios para isso, principalmente quando se trata de recomendações de longo prazo. Analistas apenas emitem opiniões sobre uma maior ou menor probabilidade, e essa opinião costuma ser entregue junto com os fundamentos que a justifiquem. Você, investidor, deve ser capaz de compreender os argumentos que levaram o analista a fazer uma recomendação de compra, venda ou manutenção. É sua responsabilidade validar os argumentos do analista para tomar uma decisão consciente, seja ela qual for.

Por exemplo: esse erro acontece quando o investidor assina um serviço de recomendações e segue à risca tudo o que é indicado, ou segue à risca uma carteira recomendada pelo analista da corretora.

Qual o comportamento esperado do Investidor KISS para evitar esse erro? O Investidor KISS acredita que ninguém cuida melhor do seu dinheiro do que ele mesmo. Ele sabe que terá que assumir o controle de seus investimentos na Bolsa de Valores, se quiser alcançar a liberdade financeira. O Investidor KISS é aquele que, no fim das contas, pensa por conta própria.

TERCEIRO ERRO: Focar apenas no preço, e não no valor das ações

Por incrível que pareça, existem ações consideradas caras a 1 real e ações consideradas baratas a 100. O que importa é a relação entre preço e valor. Logo, se o preço de uma ação sobe, isso não significa, necessariamente, que você deva comprá-la. Da mesma forma, se uma ação cai, isso não significa que você deva vendê-la.

Antes da Páscoa os chocolates sobem de preço, e isso não quer dizer que eles ficaram melhores. Só porque os preços subiram, não significa que agora o chocolate em si vale mais; isso ocorre apenas porque a demanda por ele aumentou. O mesmo vale para duas pessoas que vão ao show: elas assistem ao mesmo espetáculo, independente de quanto cada uma delas pagou pelo ingresso.

Por exemplo: imagine uma pessoa que vê o preço das ações de determinada empresa subir fortemente e fica empolgada para comprar suas ações, sem avaliar os fundamentos do negócio. Isso é focar no preço, e não no valor.

Qual o comportamento esperado do Investidor KISS para evitar esse erro? Para começar, o Investidor KISS é um investidor de verdade, e não um mero especulador. Uma vez que o investidor opera valor, enquanto o especulador opera preço, não faz nenhum sentido tomar decisões influenciado, exclusivamente, pelas variações de preço no curto prazo.

O investidor KISS é aquele que foca sua atenção nos fundamentos da empresa representada por aquela ação, e apenas usa o preço para comparar com o valor intrínseco da empresa, ou seja, o seu valor. Lembre-se daquela famosa citação de Warren Buffett: "Preço é o que você paga, valor é o que você recebe".

QUARTO ERRO: Seguir a manada e os modismos do mercado

Este é um grande erro porque a manada, de forma geral, é perdedora. Como já comentei, a maioria é perdedora na Bolsa, logo, se você seguir a maioria, você será mais um perdedor junto com a manada perdedora.

Por exemplo: em novembro de 2007, a Petrobras anunciou a descoberta de Tupi, campo que concentra grande quantidade de petróleo abaixo da camada pré-sal. Na época, foi um frenesi no mercado e muita gente investiu pesado nas ações da empresa, levada pela euforia e pelo modismo do mercado. Em maio de 2020, as ações estavam valendo o mesmo preço daquela época. Outro bom exemplo foi o caso das ações da OGX, que foram lançadas no mercado em 2010 com toda uma ação de marketing que envolvia o empresário Eike Batista. Muita gente foi no embalo, comprou suas ações e o que aconteceu? Hoje a OGX não existe mais. Note que, em ambos os casos, as ações subiram por entregarem promessas, e não resultados.

Confesso que eu mesmo cometi esse erro em relação ao caso da Petrobras. Entre 2007 e 2008, eu fazia gestão de alguns clubes de investimentos. Quando foi feito o anúncio da descoberta do pré-sal, o líder de um desses clubes me falou que os cotistas do grupo questionaram o porquê de não haver a Petrobras na carteira. Ela não estava na carteira porque havíamos escolhido outras empresas que julgávamos ser melhores e menos arriscadas na ocasião, mas eles insistiram que queriam a Petrobras. Mesmo contrariado, fiz a compra e foi um tremendo erro: compramos num preço superelevado e, depois de algum tempo, o preço só caiu.

Qual o comportamento esperado do Investidor KISS para evitar esse erro? O Investidor KISS é aquele que, na maior parte das vezes, segue a direção oposta da maioria e fica longe de modismos. Ele acredita que fazendo o que todo mundo está fazendo vai conseguir o que todo mundo está conseguindo, ou seja, perder dinheiro no mercado de ações e alcançar resultados insatisfatórios. Quem segue o Método KISS não cai na tentação de investir em empresas da moda, só porque a maioria está fazendo isso. O Investidor KISS segue o seu próprio caminho com disciplina, paciência e consistência.

QUINTO ERRO: Focar em retornos rápidos de curto prazo

A busca por satisfação imediata faz parte da natureza humana, e esse impulso é aflorado na Bolsa de Valores, dada a dinâmica do mercado, já que é possível, por questão estatísticas, ganhar muito dinheiro num curto espaço de tempo. Alguns, de fato, ganham, e por isso o investidor acaba acreditando nas promessas milagrosas de enriquecimento rápido.

Lembre-se sempre da analogia que diferencia uma maratona dos 100 metros rasos. Pense que, se você acelerar logo no início da corrida, isso poderá afetar o seu desempenho no meio do percurso ou, inclusive, tirar você da competição.

Por exemplo: isso acontece todos os dias quando as pessoas ficam comprando e vendendo ações freneticamente, às vezes querendo ganhar no mesmo dia com operações de *day trading*. Bom, o resultado disso você já sabe: é perder dinheiro.

Qual o comportamento esperado do Investidor KISS para evitar esse erro? O Investidor KISS sabe que a única coisa que se consegue de forma rápida na Bolsa de Valores é perder dinheiro. Ao invés de contar com resultados expressivos num curto espaço de tempo, ele entende que o resultado vem no longo prazo e, por isso, é paciente e mantém o método de investir regularmente comprando ações de boas empresas.

Warren Buffett tem uma frase que ilustra bem esse conceito: "Não importa quão grande seja o talento e o esforço, algumas coisas simplesmente levam tempo. Você não pode fazer um bebê em um único mês usando nove mulheres grávidas."

SEXTO ERRO: Tomar decisões no calor da emoção

Ao tomar decisões influenciado por sentimentos de pânico ou euforia, você aumenta as chances de tomar decisões ruins. Consequentemente, você aumenta a probabilidade de perder dinheiro, pois tenderá a comprar ações na alta e vender na baixa.

Por exemplo: em março de 2020, tivemos dias em que as Bolsas no Brasil e no mundo caíram drasticamente; alguns dias, mais de 10% no mesmo dia. Foram momentos de extremo medo e pânico. Decisões tomadas nessas horas fogem da racionalidade, e isso aumenta as chances de você tomar decisões ruins e vir a se arrepender mais tarde.

Qual o comportamento esperado do Investidor KISS para evitar esse erro? O Investidor KISS procura agir racionalmente e não se deixa influenciar pelo que os outros investidores estão fazendo. Para tomar suas decisões, ele se baseia em números, e não em sentimentos. É claro que agir sempre racionalmente é difícil, mas esse é o comportamento desejado de quem busca construir patrimônio investindo em ações.

Não se engane, nos investimentos não deve haver emoção.

Deixe para se emocionar com sua família e amigos. Nunca se esqueça de que a construção de um patrimônio sólido leva tempo, seja no mercado de ações ou em qualquer outro.

Como o próprio Buffett costuma dizer, "o mercado foi feito para transferir dinheiro dos impacientes para os pacientes".

SÉTIMO ERRO: Confundir especulação com investimento

Como você já sabe, investir em ações é comprar pequenas participações em empresas com o objetivo de lucrar com o crescimento do negócio. Quando você adquire essas participações, está se tornando sócio dessas empresas. Por sua vez, especular é o ato de realizar transações de curto ou médio prazo, aproveitando-se apenas das variações de preço. No entanto, sabemos que ganhar de forma consistente no curto prazo é muito difícil; por isso, especular achando que você está investindo pode levar a grandes prejuízos.

Por exemplo: esse é o típico caso clássico da pessoa que compra determinada ação com a intenção de vendê-la dentro de poucos dias, mas a operação sai errada, o preço despenca e ela resolve, então, deixar para o longo prazo. Ora, se ela comprou a ação com o objetivo de especular e agora virou investidor, é óbvio que essa estratégia não vai dar certo, concorda? Eu já vi muito esse tipo de situação acontecer.

Qual o comportamento esperado do Investidor KISS para evitar esse erro? O Investidor KISS entende essa diferença e procura adotar a melhor política de investimento. Ele sabe que a especulação é um jogo difícil e inadequado para quem busca construir patrimônio no longo prazo.

Esses são os principais erros que os investidores cometem ao lidar com o mercado de ações. Muitos eu mesmo já cometi, outros eu vi pessoas próximas de mim cometerem e muitos outros vi acontecer dentro da comunidade do GuiaInvest.

OS CONFLITOS DE INTERESSES DENTRO DO MERCADO FINANCEIRO

Você aprendeu que a maioria das pessoas que compram ações perdem dinheiro, mas não é correto culpar apenas essas pessoas por suas decisões erradas. É verdade que muitos são gananciosos e imediatistas, mas a culpa não é só deles.

A indústria do mercado financeiro ajuda a estimular esse comportamento de curto prazo. A forma como os incentivos são organizados propicia a existência de conflitos de interesses entre os profissionais. Para deixar claro, o conflito de interesse é aquela situação em que os interesses do profissional não estão 100% alinhados com os do cliente. É quando ele coloca seus objetivos pessoais à frente das necessidades daquele que está do outro lado: no caso, nós, investidores.

No entanto, isso não é uma característica apenas desse mercado. Na verdade, o conflito de interesses existe em vários mercados e situações do nosso dia a dia. Quando você leva o carro para revisão e o mecânico diz que você precisa trocar algumas peças, você automaticamente se pergunta: "será que é realmente necessário ou ele só quer aumentar o preço do serviço?"

Existe conflito em todos os lugares, mas entenda que isso não significa que essas pessoas sejam mal-intencionadas. Pelo contrário, eu acredito que existem muito mais profissionais honestos do que desonestos pelo mundo, mas a avaliação aqui é sobre os incentivos que existem e que, às vezes, podem ser até inconscientes, levando a um desalinhamento entre profissional e cliente.

Bom, provavelmente poucas pessoas já falaram para você o que vou falar agora: não é do interesse da corretora, do banco, da casa de análise ou do seu youtuber favorito revelar os reais motivos que fazem eles indicarem determinados produtos financeiros ou estratégias de investimentos, pois uma coisa é certa: cada um possui uma razão diferente e nem sempre as motivações estão alinhadas com o seu interesse, e é aí que está o problema.

A meu ver, existem 4 grupos principais de potenciais conflitos de interesse que você terá contato direto ao longo da sua jornada de investidor. São eles: as corretoras, representadas pelos agentes autônomos; as casas de análises, representadas pelos analistas de investimentos; os grandes bancos, representados pelos gerentes bancários; e, por fim, os influenciadores digitais, representados pelos blogueiros e youtubers. Alguns têm mais, outros têm menos conflitos, mas todos têm incentivos distintos quando lidam com os investidores.

Não pretendo me alongar muito neste tópico aqui no livro, mas se você ficou interessado, sugiro apontar a câmera do seu celular para o QR Code a seguir para ter acesso a uma explicação completa que preparei sobre os conflitos de interesses dentro do mercado financeiro.

Agora, você também pode estar se perguntando se existe conflito de interesses entre nós dois, eu que escrevo este livro e você, leitor; e a minha resposta é: não.

Acredito que quanto mais pessoas aprenderem a investir melhor, mais vidas serão transformadas. Tenho isso como missão à frente desse grande projeto que começou lá em 2008, com a fundação do GuiaInvest. Meu interesse é que você seja bem-sucedido porque, essencialmente, o seu sucesso é o meu sucesso. Eu ganho autoridade, prestígio e notoriedade no momento que você é transformado com a minha mensagem. Logo, nossos interesses estão alinhados, pois estamos — eu no papel de autor e você no papel de leitor — olhando para a mesma direção. Se eu ganho é porque você ganhou antes.

CAPÍTULO 16
AS VANTAGENS DE INVESTIR POR CONTA PRÓPRIA

Parece estranho pensar que investir por conta própria é melhor do que investir com a assessoria de profissionais capacitados, não acha? Sim, pode soar contraintuitivo num primeiro momento, afinal, sempre que temos um problema, buscamos profissionais qualificados para nos ajudar. Quando você tem algum problema de saúde, procura um médico. Quando tem problemas com a Lei, procura um advogado. Quando seu carro para de funcionar, você procura um mecânico.

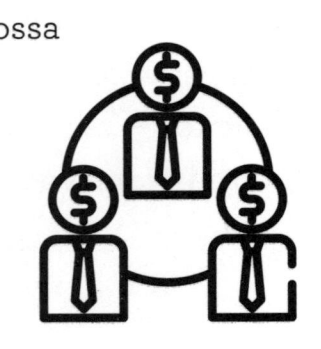

Enfim, em várias áreas da nossa vida, recorremos a pessoas mais competentes do que nós para nos auxiliar em alguma dificuldade. E aí surge a questão: e quando temos um problema financeiro para resolver, o que fazemos? Bom, muita gente procura ajuda de profissionais para cuidar do seu dinheiro, ou seja, ao invés de se responsabilizarem pela escolha dos investimentos, elas terceirizam a administração do seu patrimônio.

Como já vimos neste livro, existem vários conflitos de interesses que fazem parte do mercado financeiro e que envolvem, principalmente, os agentes autônomos de investimentos, os analistas, os influenciadores digitais e os gerentes bancários. Mas e quanto aos gestores de fundos? Será que esses profissionais podem obter um resultado melhor do que você? A verdade é que sim, existem alguns profissionais excepcionais, capazes de gerar resultados incríveis, mas a maioria dos gestores consegue resultados na média do mercado, ou mesmo abaixo dela.

Neste capítulo você vai descobrir por que isso acontece e por que o melhor caminho a seguir é investir o seu dinheiro por conta própria. Por agora, você precisa apenas conhecer o principal mecanismo usado pelos gestores para administrar riqueza: os fundos de investimento.

Fundos de investimento são uma espécie de associação entre vários investidores que reúnem seus recursos e delegam a um terceiro a tarefa de investir esse dinheiro. Cada investidor se torna dono de uma pequena parte do fundo, chamada de cota, e esses fundos são constituídos como pessoa jurídica, tendo um CNPJ próprio. Cada fundo tem uma política de investimentos diferente. Alguns deles investem somente em ações, outros investem somente em renda fixa e outros, ainda, investem em um pouco dos dois.

Para cada fundo, existe um **gestor** contratado que irá tomar a decisão de onde investir o dinheiro dos cotistas, ou seja, ele escolherá os ativos do fundo, que podem ser ações, títulos públicos ou privados, moedas etc. Os gestores geralmente são profissionais com anos de experiência e bastante conhecimento técnico.

Há também a **administração** do fundo, feita por uma instituição financeira responsável pela operacionalização do fundo. Em outras palavras, o papel dessa administradora é controlar a aplicação e o resgate das cotas.

Por fim, existem os **auditores, distribuidores e custodiantes dos fundos**. Como você pode ver, manter um fundo é uma operação complexa, portanto, envolve custos bastante altos e que acabam sendo repassados ao cotista, que é você.

Dito isso, os fundos em geral costumam cobrar duas taxas: a taxa de administração e a taxa de performance. A taxa de administração é cobrada sobre o patrimônio do fundo, e não sobre o resultado. Digamos que você aplica 100 mil reais em um fundo de ações e a taxa de administração é de 1,5%. Nesse caso, você terá de pagar o equivalente a R$ 1.500,00 ao fundo pela administração desse seu recurso, tenham as cotas valorizado ou não. Esse valor, que seria o custo mínimo para manter a estrutura do fundo funcionando, é descontado da cota e, portanto, você não tem nenhum desembolso financeiro.

A taxa de performance, que é outra forma de remuneração do gestor, incide sobre o resultado do fundo acima do *benchmark* e visa superá-lo. Caso você não se lembre, *benchmark* é o índice de referência dos fundos. No Brasil, um fundo de renda fixa geralmente vai utilizar o CDI como base, enquanto um fundo de ações geralmente vai utilizar o Índice Bovespa.

Vejamos um exemplo real com um fundo de ações bem popular, o Alaska Black Institucional. Digamos que você tenha feito um aporte de 100 mil reais em janeiro de 2018. O índice de referência do fundo é o Ibovespa e a taxa de performance é de 20%. Nesse mesmo ano, o Ibovespa subiu 15,03%, enquanto o Alaska Black subiu 32,37%, já com o valor da taxa de administração descontado. O excesso de performance foi de 17,34 pontos percentuais e, desse total, 20% terão de ser pagos ao fundo como taxa de performance, o que equivale a 3,46% do valor total de suas cotas.

Note que o problema da taxa de performance é que ela subtrai parte da rentabilidade. Além disso, a forma como ela é cobrada cria um incentivo de curto prazo para o gestor. Uma vez que essa taxa de performance é cobrada semestralmente pelo fundo, se você investe por conta própria, o resultado de um semestre isolado não representa absolutamente nada. Lembre-se de que você está correndo uma maratona, e não uma prova de 100 metros.

Agora, coloque-se no lugar da gestora. Se dentro de uma janela de 6 meses ela não obtiver um retorno acima do mercado, não receberá a tal taxa de performance. Isso, portanto, incentiva os gestores a montarem posições com viés de curto prazo, assumindo um risco desnecessário. No curto prazo até pode dar certo, mas ao longo do tempo isso pode reduzir a qualidade dos ativos que o fundo seleciona, o que, talvez, explique a baixa rentabilidade dos fundos em geral, como eu já vou mostrar para você.

Fazendo um cálculo por alto, você teria pago 1.500 reais pela taxa de administração e mais 4.500 referentes aos 20% da taxa de performance. Isso quer dizer que você poderia ter levado para casa 6 mil reais adicionais — ou mais, se lembrarmos que esse não é um cálculo exato e, portanto, esse valor pode variar. No entanto, essa conta rápida já dá uma noção do quanto você deixa pelo caminho. De qualquer forma, nesse exemplo foi usado um caso atípico de rentabilidade anual, pois é bastante raro um fundo bater o *benchmark* com tanta folga. Além disso, outro ponto importante é que esse fundo está 100% alocado em ações, e nós já vimos nos capítulos anteriores que você jamais poderia colocar todo o seu dinheiro nelas.

Agora quero mostrar como os gestores não conseguem, de fato, ganhar um retorno acima da média. Nos Estados Unidos, somente 4% dos gestores de fundos multimercado bateram o mercado no período de 1984 a 1998. No Brasil, um estudo feito em setembro de 2019 pela consultoria Luz Soluções Financeiras mostrou que nem metade dos fundos de ações batem o Ibovespa em uma janela de 3 anos. Esse estudo foi feito através do levantamento de um universo de 756 fundos, e foi verificado que apenas 331 bateram o índice.

Como você pode ver, a maioria dos profissionais não consegue bater a média do mercado, e isso acontece por algumas razões. A primeira delas, obviamente, se refere aos custos, começando pela taxa de administração, que é cobrada sobre o patrimônio do fundo, e não sobre o resultado, o que acaba corroendo grande parte do seu dinheiro. Além disso, um outro problema que afeta a performance dos fundos é o giro dos investimentos. Geralmente, os gestores costumam negociar as ações dos fundos com mais frequência do que o investidor comum de longo prazo, seja devido à busca por performance, seja pela mentalidade de curto prazo dos próprios cotistas do fundo.

Como já comentei algumas vezes, há uma tendência natural das pessoas a serem imediatistas em relação aos retornos dos seus investimentos. Elas buscam recompensas imediatas pelos seus esforços. Por essa razão, em geral, quem investe no mercado financeiro acaba querendo saber diariamente como estão indo seus negócios, e esse imediatismo por parte dos cotistas cria uma exigência de que os gestores de fundos reportem bons números de desempenho em curtos períodos, como em meses e trimestres.

Já vi muita gente reclamando na internet: "Estou há três meses no fundo ABC e ainda não tive retorno satisfatório!" Pode parecer bizarro, mas acontece muito — menos com aqueles que seguem o Método KISS. Cobrar essa rapidez nos resultados seria o mesmo que plantar uma semente de laranjeira num dia e passar todos os próximos em estado de tensão porque a muda ainda não brotou. Tem coisas que levam tempo para maturar e a pessoa precisa ter senso de realidade para lidar com investimento no mercado de ações. Naturalmente, ao final de cada período, os investidores dos fundos querem ver bons números e suas cotas se valorizando. Caso contrário, eles irão trocar de gestor e buscar outro que entregue melhores retornos, sempre com a mesma mentalidade.

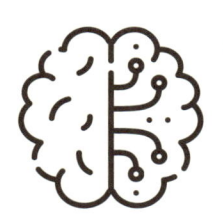

Perceba que essa dinâmica entre um investidor imediatista e um gestor que quer entregar resultados que satisfaçam esse imediatismo tende a criar uma enorme pressão em cima desses profissionais. Eles se sentem obrigados a apresentar resultados positivos no curto prazo, mesmo que para isso tenham que correr riscos desnecessários e exagerar na quantidade de operações, podendo comprometer seriamente os resultados de longo prazo do fundo. Com o gestor do fundo se inserindo num horizonte de curto prazo para satisfazer os cotistas, é natural que os resultados verificados não agradem na maioria das vezes.

Por conta dessa pressão, alguns fundos se veem obrigados a entrar numa espécie de investimento de esperança. Sabe quando você faz algo sem pensar duas vezes e, depois, fica torcendo para dar certo? O investimento de esperança é mais ou menos assim, pois você faz a aplicação e, depois, torce para que a ação suba — e se chegar ao ponto em que a única coisa que te resta a fazer é ficar na torcida, você definitivamente está com sérios problemas.

Na condição de quem investe por conta própria, você não deve satisfações a ninguém, não sofre nenhuma pressão externa e pode aceitar resultados modestos no curto prazo para obter resultados expressivos no longo prazo. Porém, para evitar qualquer tipo de desespero, você precisa de um método, de uma estratégia definida, clara, simples e segura — e é exatamente isso o que estamos vendo aqui. Até o momento, você já sabe que delegar a gestão do seu patrimônio a um fundo traz custos e uma política de investimento com viés de curto prazo, o que explica o rendimento medíocre da maioria dos fundos, tanto no Brasil como no resto do mundo. No entanto, evitar tudo isso não é a única vantagem de investir por conta própria.

Como investidor independente, você poderá decidir quanto irá alocar em ações, tesouro direto, CDBs, moedas ou qualquer outra classe de ativo que possa imaginar. Também poderá escolher o melhor momento para comprar ou vender um ativo.

Já os fundos de investimento são muito mais rígidos, pois são regidos pelo regulamento, que é um documento que determina várias regras que o fundo deve seguir e que acabam engessando as demais decisões que o gestor pode tomar. Dentre elas, a mais importante é a Política de Investimentos, que determina a alocação do patrimônio do fundo, isto é, qual a porcentagem que vai para renda variável e qual vai para renda fixa. No regulamento do Alaska Black Institucional, por exemplo, está determinado que o mínimo a ser investido em ações é 67%. Essas regras devem valer sempre, senão o fundo pode ser multado. Para se enquadrar nesses limites, muitas vezes os fundos têm que comprar ações quando estão em alta e vendê-las quando estão em baixa.

Perceba como a obrigação de seguir um regulamento pode prejudicar muito a performance geral do fundo. Ao investir por conta própria, porém, você tem total flexibilidade e não deve cumprir regra alguma, somente as que você mesmo estabelecer, o que leva a outra vantagem: a agilidade. O investidor pessoa física consegue ser muito mais ágil para aproveitar as oportunidades no mercado de ações, e vou mostrar alguns números que comprovam isso.

O patrimônio em ações do Alaska Black Institucional no final de 2019 era de mais de 2 bilhões de reais. Esse valor se refere a apenas um único fundo, dentre milhares de fundos que existem no Brasil. Imagine, então o que aconteceria se diversos fundos resolvessem, todos de uma vez, comprar uma ação que representasse uma ótima oportunidade: o preço subiria muito e rapidamente deixaria de ser uma oportunidade. E se todos os fundos resolvessem vender ações que não tivessem um bom potencial? O preço despencaria! A Bolsa de Valores é um leilão, e as leis de oferta e demanda se aplicam a ela também: com muitos compradores para poucos ofertantes, o preço sobe; já com uma grande oferta e pouca demanda o preço cai.

Essa nossa discussão mostra que fundos com patrimônio muito grande não podem simplesmente aproveitar ao máximo uma oportunidade de compra ou venda. Os movimentos dos fundos influenciam o preço das ações de forma significativa, logo, não conseguiriam realizar as operações nos valores desejados.

Já escutei gestor de fundos comentar que gosta de tal empresa, mas que não podia comprar ações dela porque influenciaria demais o preço. Esse efeito é ainda mais relevante quando falamos de ações com pouca liquidez, ou seja, com pouca oferta e demanda. São as chamadas micro caps ou *small caps*, empresas com um valor de mercado de até 5 bilhões de reais. Existem várias *small caps* que chegam a negociar cerca de 500 mil reais em um único dia. Logo, se um fundo precisasse vender 50 milhões de reais de uma ação dessas, ele teria que passar um total de 100 pregões vendendo, ou, então, teria de ofertar um preço muito baixo para conseguir vender tudo de uma vez só.

É por isso que os grandes fundos ficam longe dessas ações. Como resultado, ações de empresas de pequeno ou médio porte muitas vezes ficam fora do radar desses grandes fundos, mesmo sendo ótimas oportunidades. Então, ao investir em um fundo, você pode não ter acesso a elas — a não ser que invista por conta própria. Pense que toda grande empresa foi, um dia, uma *small cap*. E elas podem estar disponíveis para você, e não para os gestores de grandes fundos.

Um investidor individual, comprando e vendendo por conta própria, não tem a capacidade de influenciar o preço de mercado das ações, e é justamente por isso que você pode aproveitar todas as oportunidades que surgirem, seja uma micro cap, *small cap* ou *mid cap*. Esta é uma grande vantagem de se investir por conta própria: você pode investir em empresas de qualquer tamanho. Fazendo uma analogia, considere que você, investidor individual, seja como um jet ski no oceano, ágil e rápido em seus movimentos. O fundo de investimento, por sua vez, seria um transatlântico, lento e pesado para fazer qualquer tipo de manobra.

Além do mais, existe outro problema que afeta o desempenho dos fundos, que é o comportamento de manada entre os próprios gestores. Gestores profissionais tendem a seguir um consenso de mercado, e o motivo disso ocorrer é que eles ficam com medo de se destacar da massa quando os resultados não são os melhores. Existe uma segurança em estar junto com o consenso do mercado, ou seja, é melhor errar em grupo do que sozinho.

E por que isso é verdade? Bom, perceba que se um profissional do mercado tentar se destacar fazendo algo diferente da maioria, ele pode ser considerado louco ou irresponsável se suas convicções não se confirmarem. O retorno desse gestor pode ficar abaixo do retorno dos seus pares por vários anos seguidos e, assim, provavelmente ele terá de alterar os seus movimentos antes de sua estratégia surtir efeito e gerar resultado para seus clientes. Essa preocupação faz com que os profissionais fiquem se comparando, gerando um ambiente onde todos copiam todos. No ano 2000, durante a euforia das empresas de internet, Warren Buffett, um dos maiores investidores do mundo, não seguiu a massa e ficou de fora da festa. Ele argumentou que não entendia do setor e, por isso, optou por não investir seu dinheiro, e isso o levou a ser muito criticado na época.

De qualquer forma, quando investe por conta própria, você pode sempre estar vislumbrando o longo prazo e não é obrigado a bater nenhum índice. Usando Warren Buffett como exemplo novamente, de 2008 a 2019 ele teve menos rentabilidade do que o principal índice de ações norte-americanas, o S&P 500. Buffet disse que não tinha com o que se preocupar, pois não iria mudar de rota para tentar bater o mercado. Para ele, o tempo é quem diria se ele estava certo ou não. A verdade é que esse comportamento de seguir os outros tende a resultar em um retorno mediano, mas isso antes da cobrança de taxas. Após o desconto das taxas do fundo, o retorno líquido do investidor costuma ficar abaixo da média.

Como o lendário investidor John Templeton disse certa vez: "Se você quer um retorno acima da maioria, precisa fazer coisas diferentes do que a grande maioria faz". E, para fazer algo diferente da maioria, é importante que você tome suas próprias decisões embasadas em um método. Para o investidor que segue o Método KISS, praticar o exercício da paciência pode gerar excelentes resultados no longo prazo. Isso significa dizer que, em muitos casos, esses investidores têm desempenho abaixo da média no curto prazo, mas retornos muito maiores no longo prazo, e é esse o resultado que realmente importa. Warren Buffett, por exemplo, obteve um retorno abaixo da média durante a bolha PontoCom, mas ele riu por último quando o valor das ações veio à tona e o mercado como um todo despencou. Buffett não amargou a queda que todos sofreram, o que fez com que ele, mais uma vez, se destacasse da grande maioria.

VANTAGEM TRIBUTÁRIA

Enquanto no caso dos fundos de ações, que investem no mínimo 67% dos seus recursos em ações, há a cobrança de imposto de renda de 15% sobre o lucro no resgate das cotas, o investidor pessoa física que compra e vende ações sozinho desfruta do seguinte benefício fiscal: se vender ações que totalizem um valor máximo de 20 mil reais por mês, ele não paga imposto de renda; para valores acima de 20 mil, o desconto é de 15% sobre o ganho de capital.

Com essa questão tributária, cobrimos as razões pelas quais os gestores não são as melhores pessoas para lidar com o seu dinheiro. No entanto, você deve estar se perguntando se não existem gestores capazes de investir o seu dinheiro melhor do que você mesmo, e a verdade é que sim! Existem alguns profissionais capazes de gerar retornos espetaculares, o problema é que você não tem acesso a eles. Veja uma citação de Ray Dalio retirada do livro *Money Master the Game*, de Tony Robbins:

> "Você acha que os especialistas são como médicos, mas eles não são. Nós somos treinados a confiar cegamente nos médicos e seguimos suas orientações, mas a maioria dos gestores não vai te ajudar a gerar retornos melhores, porque eles não têm as habilidades ou recursos para isso. Se tivessem, você não teria acesso a eles."

A última vez que Ray Dalio estava captando recursos, você precisaria de um patrimônio de 5 bilhões de dólares e um investimento mínimo de 100 milhões de dólares para ter acesso ao seu conhecimento.

A boa notícia é que não é tão difícil cuidar do seu dinheiro sozinho. Você pode administrá-lo por conta própria sem grandes dificuldades e poderá atingir resultados incríveis no mercado de ações, contanto que se dedique um pouco, tenha disciplina, e siga sua estratégia, que, no nosso caso, é o Método KISS.

Como disse Warren Buffett, "não é necessário fazer coisas extraordinárias para obter resultados extraordinários", mas uma coisa é certa: eu não conheço ninguém que tenha alcançado o sucesso em qualquer área da vida sentado no sofá sem fazer nada. Você terá que se esforçar um pouco, mas não se assuste, pois não é tão difícil assim.

    Assim chegamos ao final da segunda parte deste livro. Antes de prosseguir, registre no espaço a seguir quais foram os seus principais insights da Parte 2. Relembre os conceitos mais marcantes, as dicas que você não pode esquecer.

_____
_____
_____
_____
_____
_____
_____

O MÉTODO KISS APLICADO ÀS AÇÕES

PARTE 03

CAPÍTULO 17

MÉTODO KISS APLICADO ÀS AÇÕES

A partir de agora, vamos lidar exclusivamente com o Método KISS aplicado ao investimento em ações. Neste capítulo especificamente, quero enfatizar, diante de todos os princípios gerais já ensinados sobre a metodologia estudada, quais são os três pilares fundamentais para que o processo sistemático de investimento em ações seja realmente efetivo, e para isso vou usar exemplos, simulações e estudos de caso.

A esta altura da leitura, você já adquiriu uma excelente base teórica e conceitual sobre os princípios gerais do Método KISS e entende os fundamentos da acumulação de riqueza. Também já conhece a mentalidade correta para investir em ações, as formas de ser remunerado com esse investimento e como evitar os erros básicos mais comuns. Enfim, você já tem um ótimo entendimento geral da dinâmica do mercado de ações.

Agora, chegou a hora de falar sobre a estratégia do Método KISS para investir em ações. Como você deve imaginar, esses três pilares não surgiram do nada. Eles são, simplesmente, a aplicação de tudo o que você aprendeu até agora sobre a construção de riqueza com ações no longo prazo, a saber:

1. Investir regularmente em ações de boas empresas;
2. Reinvestir os dividendos;
3. Reduzir os riscos.

Você já sabe que precisa, obrigatoriamente, ter somente ações de boas empresas na sua carteira, pois aprendemos que o seu patrimônio deve sempre ser composto de ativos de valor. O acionista de sucesso costuma ser recompensado de duas formas:

1. Com o aumento do preço da cotação das suas ações devido ao crescimento dos lucros da empresa (lembre-se de que se a empresa tem lucros positivos e crescentes, o preço da ação tende a acompanhar esse crescimento no longo prazo);

2. Com o aumento da participação do investidor na companhia devido ao reinvestimento dos dividendos e à recompra das ações pela própria empresa. Esse fator permite que você receba cada vez mais dividendos, o que leva ao crescimento exponencial do seu patrimônio.

―――

Além disso, é obrigatório realizar compras regulares para a devida efetividade do método. Como aprendemos na primeira parte do livro, é mais difícil alcançar a liberdade financeira investindo apenas uma só vez. Lembre-se de que é preciso disciplina e consistência nos aportes. Mais do que isso, ao comprar regularmente, você vai comprar em momentos bons e ruins, mas como ninguém sabe qual o melhor momento, não há nada de errado em seguir essa abordagem. Isso fará com que você obtenha um preço médio favorável.

Para potencializar os juros compostos do seu investimento em ações, você precisa reinvestir todos os dividendos. Na primeira parte deste livro vimos como esse simples hábito tem o incrível poder de aumentar o seu patrimônio. Portanto, você deve juntar todos os dividendos recebidos e comprar novas ações com esse dinheiro.

Agora, ao longo desta seção, iremos nos aprofundar no entendimento do mundo dos dividendos e, por fim, vamos falar do último e mais importante dos três pilares: reduzir os riscos. Esse pilar é considerado o mais importante porque a maioria das pessoas que perdeu dinheiro com ações simplesmente ignorou os riscos de investir nesse tipo de ativo. Na seção anterior você aprendeu que os investidores de sucesso sempre pensam no risco do investimento antes de pensar no retorno. Logo, quem fracassa com ações geralmente pensa o contrário, ou seja, pensa no retorno antes do risco — ou simplesmente ignora o risco.

Você deve sempre pensar nos riscos antes do retorno, e, assim, não investir mais do que estiver disposto a perder. Se não reduzir os riscos e cometer um erro, seu patrimônio poderá sofrer danos irreparáveis. Por isso, é extremamente importante proteger o seu patrimônio controlando os riscos, e isso ocorre quando você:

- compra somente ações de boas empresas;
- diversifica em ações de setores distintos;
- efetua compras regulares, e não tudo de uma só vez;
- não cai na tentação de especular;
- mantém a alocação inicial proposta entre renda fixa e renda variável.

Agora, é oportuno mencionar que de nada adianta você utilizar um método para investir em ações que não tenha a menor chance de ser bem-sucedido no longo prazo. Ele precisa se mostrar eficiente, fazer sentido e se comprovar em números. Por outro lado, não existe nenhuma garantia quanto ao futuro quando falamos de investimento em ações, uma vez que, por se tratar de uma renda variável, seu valor pode alterar a qualquer momento. Mesmo que você siga o Método KISS com disciplina, ninguém pode prometer qualquer tipo de retorno ou rentabilidade — aliás, nunca se esqueça de que retorno passado não é garantia de retorno futuro. O investimento em ações pode causar perdas financeiras.

De qualquer forma, acredito que você tenha boas chances de ser bem-sucedido com ações se seguir à risca o que está aprendendo neste livro. Digo isso com base na minha experiência pessoal de 16 anos como investidor, na observação da abordagem dos investidores de sucesso, nos estudos de caso que realizei com alguns dos mais de 450 mil membros da comunidade do GuiaInvest e, por fim, com base nos diversos testes que realizamos utilizando exemplos reais de ações listadas em Bolsa. Quero compartilhar com você alguns desses testes por meio do QR Code a seguir. Para acessar esse conteúdo, aponte a câmera do seu celular para o código ou baixe o aplicativo QR Code Reader.

CAPÍTULO 18
QUANDO COMPRAR E VENDER UMA AÇÃO

Para investir em ações você precisa, regularmente, comprar ações de boas empresas. A grande questão, porém, é: quando comprar essas ações? Para saber qual o melhor momento para comprar uma ação, é importante definir, primeiro, em qual classe de ativos você vai investir no mês.

Como você já sabe, o capital reservado para o pote da liberdade financeira deve ser investido em duas classes de ativos: títulos públicos federais (através de fundos de investimentos de baixo custo) ou tesouro direto. Cada uma dessas classes terá uma alocação ideal na sua carteira; assim, em determinado mês, ou a alocação dos títulos públicos estará abaixo da alocação ideal ou serão as ações que estarão abaixo dela. A regra, no entanto, é a seguinte: você irá investir somente no que estiver abaixo dessa alocação, o que pode ser ações ou títulos públicos.

Digamos, por exemplo, que a alocação ideal que você definiu tenha sido de 60% em títulos públicos e 40% em ações. Se a sua alocação atual no mês estiver na faixa de 50% em títulos públicos e 50% em ações, você irá investir em títulos públicos nesse mês, porque são eles que estão abaixo da alocação ideal de 60%, certo? Agora, digamos que em outro mês sua alocação atual seja de 30% em ações e 70% em títulos públicos. Nesse caso, você irá investir em ações porque são elas que estão abaixo da alocação ideal. Assim, você só vai investir em ações quando a alocação desse ativo estiver abaixo da sua alocação ideal.

Para saber qual o melhor momento para comprar uma ação, você deve, também, se atentar para a qualidade das ações — e, como você já sabe, as ações elegíveis para investimento são aquelas que atendem aos critérios exigidos pelo Método KISS.

Digamos, por exemplo, que você identificou dez ações que atendem a esses critérios. A dúvida que surge agora é: quantas ações comprar por mês? Como já vimos nos capítulos anteriores, sempre que você compra e vende ações, paga uma taxa de corretagem para a corretora. A boa notícia, porém, é que atualmente existem corretoras que isentam essa taxa, ou seja, você não precisa pagar nada ao comprar e vender ações. Nesses casos, eu recomendo que você compre o máximo de ações possíveis — sempre, é claro, usando o bom senso, para não tornar o processo muito trabalhoso.

Vamos supor que você vai aportar 500 reais em determinado mês e que tenha no seu radar 5 ações que atendem aos critérios de qualidade. Nesse caso, você pode comprar 100 reais em ações de cada uma das cinco empresas. Agora, se você utilizar uma corretora que cobra taxa de corretagem, você deve evitar pagar mais de 2% em corretagem. Isso significa que, para uma taxa de corretagem fixa de 5 reais, o ideal seria comprar, no máximo, duas ações diferentes com esses mesmos 500 reais, pois assim você pagaria somente 10 reais, o que corresponde a 2%.

Se você comprasse as mesmas 5 ações do caso anterior, você gastaria um total de 25 reais em corretagem, o que equivaleria a 5% em custos de corretagem. E fica aqui a minha orientação para que você não faça isso, pois o custo já se tornou alto demais. Isso, porém, é apenas uma orientação, e não uma regra absoluta. É preciso ter em mente que quanto mais você conseguir pulverizar suas compras no máximo de ações, melhor. Vale ressaltar que, quando digo o máximo de ações, estou me referindo às ações que você selecionou como elegíveis para se investir.

Bem, agora que você já sabe quando comprar suas ações, chegou o momento de saber quando deve considerar vendê-las de acordo com o Método KISS. Antes de mais nada, vamos relembrar que você não está aqui para se tornar um especulador. Logo, seu objetivo não é comprar uma ação com a intenção de vendê-la em seguida a um preço mais alto, para obter um lucro rápido, pois quem pensa dessa forma é especulador, e não investidor. Como você deve se lembrar do que vimos na parte 1, o especulador opera preço, enquanto o investidor opera valor.

O investidor compra uma ação com a expectativa de que, havendo valorização no longo prazo, a companhia distribua dividendos para que, com esse lucro, seja possível comprar mais ações, receber mais dividendos e assim por diante. E assim o investidor agirá, até que possa, um dia, alcançar a liberdade financeira plena e viver de renda. É por isso que ressalto que o investimento em ações é sempre indeterminado. Tenha isso sempre em mente, porque é aqui que muitos investidores se perdem.

Pense na compra de uma ação como um casamento. As pessoas se casam para permanecerem casadas a vida toda, pois enxergam valor naquela união. Não conheço ninguém que se casa pensando em se separar no ano seguinte. Isso não significa, é claro, que as pessoas devam permanecer casadas se o casamento perder valor. Quando não faz mais sentido, seja lá pelo motivo que for, elas se separam, e tudo bem. Faz parte da vida. Com as ações é a mesma coisa.

Contudo, aqui vai um detalhe importante: quando eu falo em prazo indeterminado, isso não significa que você nunca irá vender suas ações. De acordo com o Método KISS, existe uma condição para vendê-las, que é quando a empresa perde seus fundamentos e deixa de atender aos critérios de avaliação exigidos pelo método. Nesses casos, a venda se faz importante porque se permanecer sócio de empresas com números deteriorados, você terá, provavelmente, resultados ruins, uma vez que, no longo prazo, o preço acompanha os lucros do negócio, como já vimos.

E como companhias ruins possuem lucros instáveis e, muitas vezes, prejuízos, o preço da ação tenderá a cair ao longo do tempo ou, na melhor das hipóteses, oscilar freneticamente, sem rumo definido, o que também é péssimo para você, investidor. Além disso, como essas empresas possuem lucros inconsistentes, o pagamento de dividendos também tenderá a ser inconsistente e, portanto, não será possível receber uma renda passiva regular dessas empresas.

Contudo, a boa notícia é que, na maioria das vezes, é fácil evitar as empresas ruins, os chamados "micos da Bolsa", ou seja, essas ações você nunca vai comprar. Também não é tão difícil perceber quando uma empresa boa começa a ficar ruim.

CAPÍTULO 19
POR QUE O PREÇO DE COMPRA TEM POUCA RELEVÂNCIA?

Como vimos no início desta seção, um dos três pilares do Método KISS para investir em ações é investir regularmente em ações de boas empresas. Em relação a investir regularmente, a ideia é bastante simples e só depende de você adotar esse novo hábito na sua vida. Quanto a descobrir quais são as ações de boas empresas, você já sabe, em teoria, que boas empresas são aquelas que apresentam fundamentos sólidos. Mas e quanto ao valor a ser pago por essas ações? Será que você deve considerar a cotação antes de optar pela compra? Como isso funciona no Método KISS?

Para começo de conversa, preciso dizer o seguinte: é óbvio que quanto menos você gastar, melhor, afinal, com o mesmo aporte você conseguirá comprar mais ações. Além disso, você já sabe que o seu patrimônio está diretamente relacionado à quantidade de ações de boas empresas que você detém. Contudo, em linhas gerais, a verdade é que, para quem segue o Método KISS, o preço de cada compra tem baixa relevância na acumulação de patrimônio; primeiro porque o investidor KISS opera valor, e não preço, e segundo, porque o investidor KISS realiza aportes regulares, o que permite diluir o risco de pagar preços elevados de uma só vez. Em terceiro lugar, o investidor KISS ganha em ficar o maior tempo possível posicionado em ações de boas empresas, logo, esperar o melhor momento para comprar ações faz com que ele diminua o tempo posicionado em ações. Além disso, o investidor KISS prioriza o trabalho e, ao deixar de perder tempo tentando adivinhar o melhor momento de comprar ações, sobra mais tempo para ele se dedicar a ganhar mais dinheiro e aportar mais.

Para fortalecer esses pontos, quero mostrar a seguir alguns estudos e simulações que ajudam a provar as afirmações que acabei de fazer.

PROVA 1
CONTA SIMPLES DE PREÇO MÉDIO

Vamos imaginar a seguinte situação hipotética, exagerada e não baseada em números reais. Você vem investindo mil reais todos os meses nas ações da Ambev há 10 anos e já acumulou um patrimônio de 360 mil só nessas ações. No momento, essas ações estão sendo negociadas a, aproximadamente, 36 reais, e o seu preço médio de aquisição ao longo de todos esses anos ficou em 12 reais. Isso significa que, em relação ao preço médio de compra, você está com uma rentabilidade de 200%.

Digamos que no próximo mês você vai aportar mais mil reais nas ações da Ambev, mas, como o mercado está muito volátil, o preço dessas ações está variando entre 18 reais na mínima e 54 na máxima dentro do mesmo mês. Mais uma vez, ressalto que essa é uma situação exagerada, apenas para que você possa entender a ideia. É pouco provável que isso realmente aconteça no mercado real.

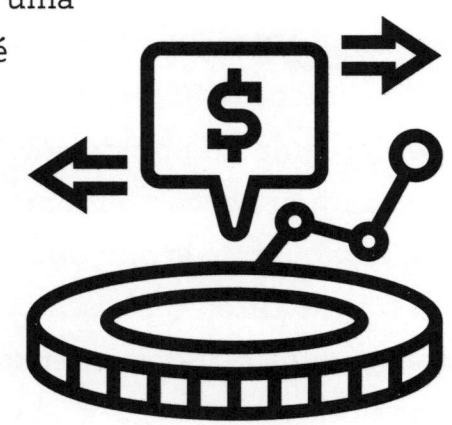

Agora, vejamos a diferença que comprar no preço mínimo ou máximo do mês fará no seu patrimônio final. Em outras palavras, vamos ver se o preço do novo aporte será relevante para o resultado do seu patrimônio acumulado até agora.

Se você for muito azarado, vai pagar 54 reais pelas ações da Ambev e levar somente 18 novas ações nesse aporte. Antes de realizar essa compra, o cenário era o seguinte: você tinha 10 mil ações a um preço médio histórico de compra de 12 reais cada. Sua rentabilidade histórica era de 200% porque o preço atual da ação é de 36 reais. Após esse último aporte, você passa a ter 10.018 ações a um novo preço médio histórico de compra de R$ 12,08. Com isso, seu patrimônio final passa a ser de R$ 360.648,00, e sua rentabilidade histórica ficou em 198,01%.

Porém, se você for muito sortudo, vai pagar 18 reais pelas ações da Ambev e levar 55 novas ações. Após esse último aporte você passa a ter 10.055 ações a um novo preço médio histórico de compra de R$ 12,03. Seu patrimônio final passa a ser de R$ 361.980,00 e sua rentabilidade histórica ficou em 199,25%.

Veja como o preço pago pelas ações em cada aporte terá pouca influência no resultado, caso você siga o Método KISS. A grande sacada aqui é a diluição dos aportes: quanto mais diluída forem as compras, menos relevante será o preço de compra. Se o investidor resolvesse aportar grandes valores de uma só vez, o preço de compra, obviamente, seria relevante, o que nos leva a concluir que você não precisa se preocupar com o preço pago em cada aporte, desde que esteja investindo em ações de valor todos os meses. Por fim, concluímos também que o preço de compra tem pouca relevância para o investidor KISS.

Quando começar a comprar ações todos os meses, você vai se deparar com um sentimento estranho na hora de colocar a ordem de compra no *Home Broker*, e digo isso por experiência própria. A tendência natural é você ser influenciado pela oscilação do preço e brigar para pagar alguns centavos a menos. Funciona assim: você acessa o HB, vê que a ação que quer comprar está sendo negociada a, por exemplo, 10 reais, e como o mercado oscila rápido, no momento que você vai finalizar o pagamento, vê que o preço subiu repentinamente para R$ 10,08. Então, você fica chateado porque não vai mais pagar os 10 reais que viu dois minutos atrás. Embora seja engraçado, é exatamente isso que vai acontecer. No entanto, o ponto aqui é que essa oscilação não tem a menor relevância no resultado, como vimos no exemplo anterior. Você pode pagar o preço que for que, no fim, a diferença final será irrisória.

PROVA 2
COMPRA REGULAR: AZARADO, DISCIPLINADO E SORTUDO

O segundo exemplo que vou trazer é um estudo real, utilizando dados verdadeiros das ações do Banco do Brasil, que compara o patrimônio de três investidores — os quais chamarei de azarado, disciplinado e sortudo — que aportaram mil reais todos os meses nas ações do Banco do Brasil entre fevereiro de 2004 e fevereiro de 2020.

No gráfico a seguir, o investidor azarado é aquele que sempre pagou a cotação máxima que a ação atingiu dentro do mês. Já o investidor disciplinado é aquele que comprou sempre no dia 1º, pagando a cotação da data vigente, enquanto o investidor sortudo é o que sempre conseguiu comprar a ação na cotação mínima do mês.

VALOR ACUMULADO

AZARADO	DISCIPLINADO	SORTUDO	CDI
R$ 751.217,51	R$ 811.692,48	R$ 869.577,88	R$ 264.522,12

Note que, dentre os três, o investidor sortudo é o que, obviamente, está sempre com um patrimônio maior, enquanto o investidor azarado está sempre com um patrimônio menor. O investidor disciplinado fica ali no meio dos dois. No entanto, veja que o patrimônio dos três investidores é bastante próximo, e todos conseguiram bater com folga a renda fixa. Além disso, o investidor sortudo não conseguiu um patrimônio muito superior ao dos outros dois. O azarado terminou com 751 mil reais; o disciplinado, com 811 mil; e o sortudo, com 869 mil. A diferença entre o azarado e o sortudo foi de 15,8%, mas essa comparação é injusta porque se trata de extremos que raramente acontecem. A comparação mais coerente a fazer aqui seria entre o disciplinado e o sortudo, e nesse caso a diferença ficou em 7%.

O que podemos concluir é que, no final das contas, o melhor caminho é ser disciplinado e não tentar acertar o melhor preço. Nesse caso, mais uma vez concluímos que o preço de compra tem pouca relevância para o investidor KISS.

PROVA 3
VOLATILIDADE *VERSUS* LINHA RETA

Aqui temos outro ponto que corrobora a tese de que compras regulares e sistemáticas por longos períodos levam a resultados satisfatórios, independente do preço pago ao longo desse tempo. Nesse caso, é melhor que o preço da ação oscile ao longo do período, em vez de apenas subir em linha reta, porque, no fim das contas, o investidor acaba com mais ações e, consequentemente, mais patrimônio. Vale ressaltar, porém, que esse pensamento só fará sentido se estivermos tratando de ações de boas empresas que tendem a se valorizar ao longo do tempo. Para comprovar essa afirmação, veja esse exemplo hipotético de um investidor que aportou 5 mil reais ao ano em cada uma dessas duas ações, a ação A e a ação B.

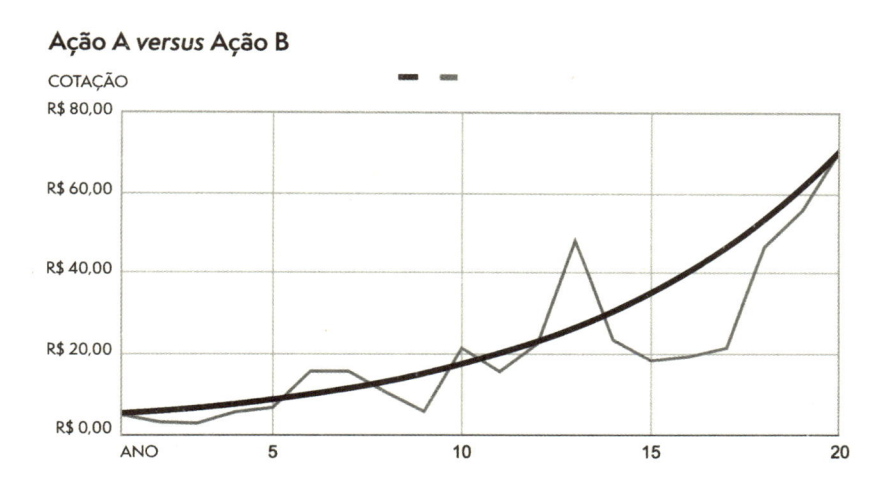

Ação A *versus* Ação B

	Ação A	Ação B
Quantidade total final	7.198	9.984
Patrimônio final	R$ 512.217,91	R$ 710.433,77

Ambas as ações valorizaram 1.323% ao longo de 20 anos, a diferença é que uma subiu de forma constante, enquanto a outra oscilou de preço ao longo desse período.

A ação A subiu constantemente 15% ao ano durante os 20 anos. Dessa forma, o investidor acabou com 7.198 ações e um patrimônio de R$ 512.217,91. Já com a ação B foi diferente, pois o preço dela oscilou ao longo do período e, portanto, o investidor acabou com 9.984 ações e um patrimônio final de R$ 710.433,77. Perceba, porém, que o patrimônio final que o investidor obteve com a ação B é 38,7% superior ao patrimônio obtido com a ação A. A explicação para essa diferença é bastante simples.

Como a ação B subiu e caiu ao longo do período, o investidor comprou mais ações quando elas estavam em baixa e menos ações quando elas estavam em alta. Na média, porém, ele conseguiu adquirir uma quantidade maior de ações e, por isso, na ação B, seu patrimônio final foi superior.

Agora, veja este exemplo com ações reais:

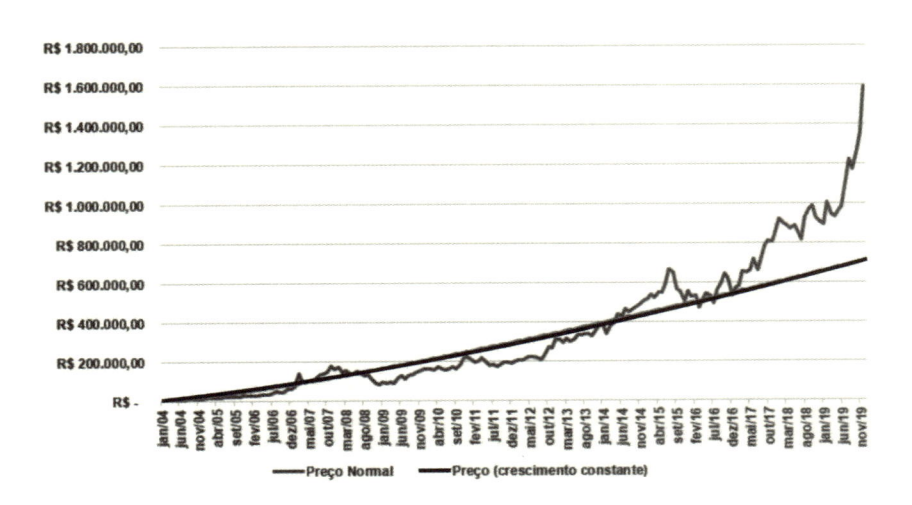

Nesse estudo, fiz uma simulação com as ações da Weg nos últimos 15 anos, supondo que um investidor tenha aportado mil reais por mês. Considerei dois cenários: no primeiro, o preço da ação subiu de maneira constante durante todo o período de 15 anos; no segundo, foi utilizado o preço real histórico da ação.

Veja, no final do período, que no cenário onde o preço subiu linearmente, sem oscilação, o patrimônio final ficou em 708 mil reais, enquanto no cenário real, onde o preço oscilou ao longo dos 15 anos, o patrimônio acumulado somou 1.592.000,00 reais, o que representa uma diferença de 125%. Isso ocorre porque a volatilidade permite que o investidor compre muitas ações de uma ótima empresa a um preço muito abaixo do normal. Se no curto prazo ela assusta alguns investidores, no longo prazo ela é a maior aliada do investidor KISS.

Essa é a forma de você comprar mais ações em momentos de pânico do mercado. É assim que os ganhadores de dinheiro da Bolsa aumentam seus patrimônios, e é nesses momentos que as pessoas desavisadas quebram, saem da Bolsa de Valores e nunca mais retornam.

PROVA 4
FICAR DE FORA DO MERCADO NOS MELHORES DIAS

Existe, ainda, um outro problema para quem espera o melhor momento para comprar ações e não segue o Método KISS: o tempo que o investidor fica de fora do mercado.

Ao ficar de fora da Bolsa por longos períodos, o investidor corre o risco de perder os dias de maiores altas e que fazem toda diferença no resultado final. Aqui, podemos observar nitidamente a Regra de Pareto: poucos dias representam a maior parte do retorno total do investidor.

Em um estudo realizado pelo banco americano JP Morgan, foram registradas todas as oscilações diárias de vinte anos do S&P 500, um dos índices mais importantes da Bolsa americana, e foi observado que, se um investidor tivesse perdido os dez melhores dias de cotação, seu retorno geral teria caído pela metade.

04/01/1999 A 31/12/2018	Valor em dólar (U$)	Retorno médio anualizado (%)
Investido 100% do tempo (índice S&P 500)	29,845	5,62
Perdeu os 10 melhores dias	14,895	2,01
Perdeu os 20 melhores dias	9,359	-0,33
Perdeu os 30 melhores dias	6,213	-2,35
Perdeu os 40 melhores dias	4,241	-4,20
Perdeu os 50 melhores dias	2,985	-5,87
Perdeu os 60 melhores dias	2,144	-7,41

Veja que, ao longo de vinte anos, temos cerca de 5 mil dias úteis de negociação, mas somente dez dias foram responsáveis pela metade do retorno total no período. De fato, essa é uma diferença significativa por um período tão curto, ao longo de duas décadas.

Na tabela anterior podemos observar que, se um investidor tivesse aplicado 10 mil dólares e mantido esse valor ao longo dos vinte anos, ele teria, ao final do período, o valor de 29.845 dólares, com retorno médio anualizado de 5,62%. Agora, se tivesse perdido os dez melhores dias, seu patrimônio cairia para 14.895 dólares, com retorno médio anualizado de 2,01%. No entanto, se esse mesmo investidor tivesse perdido os sessenta melhores dias de um total de 5 mil, ele estaria com 2.144 dólares e retorno anual negativo de -7,41%.

Veja que são apenas alguns poucos dias que representam a maior parcela do resultado final do investidor de longo prazo. Esse estudo é o típico caso clássico em que a Regra de Pareto se encaixa perfeitamente. Caso você não se recorde, esse princípio diz que 20% das causas explicam 80% dos resultados. Por exemplo: 20% dos vendedores de uma loja são responsáveis por 80% das vendas.

Veja, nesse caso, que essa relação é ainda mais proeminente, já que estamos falando que dez pregões de 5 mil são responsáveis por metade do retorno final do investidor. Curiosamente, esse fenômeno também é observado aqui no Brasil.

01/01/2000 a 31/12/2019	Valor atualizado de R$ 10.000,00 investidos	Rentabilidade anual (%)
Investido 100% do tempo	69.373,45	10,2%
Perdeu os 10 melhores dias	28.572,00	5,4%
Perdeu os 20 melhores dias	15.719,31	2,3%
Perdeu os 30 melhores dias	9.491,32	-0,3%
Perdeu os 40 melhores dias	5.883,25	-2,6%
Perdeu os 50 melhores dias	3.722,75	-4,8%
Perdeu os 60 melhores dias (apenas 1% do total de dias)	2.400,84	-6,9%

Levando em consideração todas as oscilações diárias do Ibovespa nos últimos vinte anos, podemos observar, na tabela anterior, que, se um investidor tivesse aplicado 10 mil reais e mantido ao longo dos vinte anos, ele teria, ao final, a quantia de R$ 69.373,45, com retorno médio anualizado de 10,2%. Agora, se esse mesmo investidor tivesse ficado de fora dos dez melhores dias, seu patrimônio teria reduzido para R$ 28.572,00, com retorno médio anualizado de 5,4%. No entanto, se tivesse perdido os vinte melhores dias de um total de 5 mil, ele teria obtido um retorno médio de 2,3%, e se tivesse perdido os sessenta melhores dias, seu retorno seria negativo e cairia para -6,9% ao ano. Note como o resultado é bastante semelhante com o que observamos no mercado americano.

A conclusão que tiramos disso tudo é uma só: você precisa estar na Bolsa para ganhar. Logo, ficar tentando acertar o melhor momento para comprar suas ações pode sair caro lá na frente. Veja que nesse quesito o investidor que segue o Método KISS tem menos dor de cabeça e mais resultado no final. Lembre-se que o objetivo é acumular patrimônio, e não vitórias.

OS TRÊS NÍVEIS DE INVESTIDORES

No que diz respeito à sofisticação no processo de investimento, podemos dizer que existem três níveis

	Nível 1
Quem está nesse nível?	Investidor KISS
O que comprar?	Somente ações de boas empresas
Quando comprar ações e em qual quantidade?	Pequenas quantidades regularmente todos os meses, independente do preço
Quando vender ações?	Somente quando a empresa perde seus fundamentos
Qual o nível de relevância do preço de compra?	Baixo
Qual o nível de diversificação com ações?	Alto
Dedicação	Baixa

de investidores. É importante que você entenda isso porque, caso queira se aprofundar nesses ensinamentos, é bem provável que você se torne uma mescla desses três perfis.

Nível 2	Nível 3
Grandes investidores como Luiz Barsi e Warren Buffett	Grandes gestores de fundos de ações e alguns investidores mais sofisticados
Somente ações de boas empresas	Ações de boas empresas e/ou empresas com números ruins, mas com perspectivas de recuperação
Grandes quantidades de uma vez só quando o preço é justo ou está com desconto em relação ao valor intrínseco	Grandes quantidades de uma vez só somente quando o preço está com desconto em relação ao valor intrínseco
Somente quando a empresa perde seus fundamentos	Quando a empresa perde seus fundamentos ou quando o preço fica alto demais em relação ao valor intrínseco
Alto	Alto
Médio / baixo	Médio / baixo
Alta	Alta

INVESTIDOR NÍVEL 1

O investidor nível 1 é você, investidor KISS e, na minha opinião, esta é a posição que todo investidor que está começando no mercado de ações deveria ocupar. Nesse nível, você investe pequenas quantidades regularmente em ações de boas empresas, independente do preço, e só vende quando os fundamentos se deterioram fortemente. O nível de dedicação aqui é baixo, e a diversificação tende a ser alta. Além do mais, você não precisa sair desse nível se não quiser, pois é possível conquistar a liberdade financeira com tranquilidade mesmo estando no nível 1.

INVESTIDOR NÍVEL 2

O investidor nível 2 é um pouco mais sofisticado porque aqui entra em pauta a questão do preço de compra, que passa a ter bastante importância. Considero que pertencem a este nível grandes investidores individuais, como Warren Buffett, Luiz Barsi, Luiz Alves Paes de Barros etc.

Neste nível, você continua escolhendo ações de boas empresas, mas considera comprar grandes quantidades somente quando o preço se mostrar atrativo. Em outras palavras, aqui o investidor evita comprar quando o preço está exageradamente alto e costuma vender quando a empresa perde sua solidez. O nível de dedicação é elevado e a diversificação é média ou baixa em alguns casos.

INVESTIDOR NÍVEL 3

O investidor nível 3 é o mais sofisticado de todos, pois ele investe somente quando surgem excelentes oportunidades na Bolsa. Considero que neste nível estão os grandes gestores de fundos de investimentos, ou seja, os profissionais do mercado de gestão de recursos de terceiros, e também alguns investidores mais sofisticados que adotam estratégias mais complexas.

Neste nível, a venda das ações somente é considerada quando a empresa perde os seus fundamentos ou quando o preço atinge o teto máximo definido pelo investidor, o que também é conhecido como preço justo ou valor intrínseco. Aqui o nível de dedicação e acompanhamento de mercado é bastante elevado. Quanto à diversificação, o nível varia entre médio e baixo.

———— ✳ ———— ✳ ———— ✳ ————

O mais curioso desses três níveis é que não temos como dizer qual é o melhor em termos de retorno, uma vez que qualquer um deles traz retornos excelentes. No entanto, a maior diferença entre eles, a meu ver, está no risco envolvido e no nível de dedicação.

Quanto mais sofisticado o investidor, maior será o risco embutido e, naturalmente, maior o nível de dedicação e acompanhamento do mercado. Essa é única garantia que existe.

A lição mais importante que fica deste capítulo é que, ao seguir o Método KISS, você irá comprar ações de boas empresas independentemente do seu preço. Que fique claro que não estou dizendo que o preço de compra de uma ação não seja importante de forma geral.

Uma forma de enxergar o impacto do preço de compra para quem segue o Método KISS seria comparar o investidor a um maratonista amador. Você acredita que fará alguma diferença significativa no resultado final se o corredor resolvesse descansar por 10 segundos no meio da maratona? Ou se, imagine que em determinado trecho de 100 metros esse corredor conseguisse acelerar e correr tão rápido quanto o corredor mais rápido do mundo, o jamaicano Usain Bolt; você acredita que faria uma diferença relevante no resultado? Vejamos os números: de acordo com a Wikipédia, o tempo médio mundial para concluir uma maratona é de 4 horas e 30 minutos; logo, 10 segundos representam 0,06% do tempo total para finalizar a corrida. Sendo assim, para o percurso de 42 quilômetros, que é o percurso total da maratona, correr mais rápido que todos por 100 metros representa apenas 0,24% da distância total. Essa é a mesma lógica para você, investidor que segue o Método KISS.

CAPÍTULO 20
NOÇÕES BÁSICAS SOBRE DIVIDENDOS

O que as empresas fazem com o lucro?

Para entrarmos a fundo na questão dos dividendos, vou começar seguindo uma linha de raciocínio lógica e sequencial, para contextualizar você antes de qualquer coisa. Toda empresa tem como um dos seus objetivos principais o lucro, e ele pode ser utilizado da seguinte forma:

- 💲 para constituir reservas financeiras;
- 💲 para reinvestir no próprio negócio;
- 💲 para adquirir novas empresas ou participações;

- 💲 para recomprar suas próprias ações;
- 💲 para distribuir uma parte em dividendos.

1. Constituir reservas financeiras

Pela lei das sociedades anônimas (S/A) do Brasil, de forma geral, as companhias devem destinar 5% do seu lucro líquido para constituir a reserva legal. Outras reservas formadas são as reservas para contingências e reservas de incentivos fiscais, mas você não precisa se preocupar tanto com isso, pois comentei este ponto apenas a título de curiosidade. O uso mais relevante dos lucros é o investimento no próprio negócio, e esse é bem fácil de entender por ser o mais óbvio de todos.

2. Reinvestir no próprio negócio

Nesse caso, muitas companhias retêm uma parte do lucro para expandir suas atividades. Uma fábrica poderia, por exemplo, comprar maquinário novo e construir novas plantas. Uma incorporadora poderia usar esses recursos para comprar novos terrenos. Uma petrolífera poderia ampliar seus campos de petróleo. Uma empresa farmacêutica poderia investir na pesquisa de novos remédios, e assim por diante.

Se esses investimentos forem bem-sucedidos e gerarem lucros para os acionistas, a empresa será valorizada pelo mercado e, consequentemente, o preço das suas ações subirá. Contudo, se os projetos forem fracassados e os lucros caírem, o preço da ação diminui no longo prazo. Por esse motivo, esse reinvestimento no negócio deve ser bem-feito, caso contrário o mercado penaliza a empresa com a queda no preço de suas ações.

3. Adquirir novas empresas ou participações

Essa estratégia pode ser bem-sucedida, mas requer cautela, pois, às vezes, os resultados dessas aquisições podem ser desastrosos. Um conceito muito importante nesses negócios é o de sinergia, ou seja, a ideia de que o valor da companhia unificada após a compra será maior do que a soma dos valores individuais das companhias.

É sempre importante entender as motivações por trás dessas aquisições. Muitas vezes, a remuneração dos altos executivos está atrelada a essas transações. Assim, eles teriam um grande motivo para seguir adiante na aquisição. Sempre tenha em mente que negócios bons são negócios focados. Você não compraria um banco que, de uma hora para outra, começasse a construir prédios, pois não faria o menor sentido.

Para que esse conceito fique mais claro, vejamos um exemplo bem-sucedido de uma grande aquisição: o caso da corretora XP, que foi adquirida pelo Banco Itaú.

Em 11 de maio de 2017, o Itaú anunciou a negociação para compra de 49,9% do capital da XP por 6 bilhões de reais, considerando o aporte de capital realizado e a compra de ações dos antigos sócios. Na ocasião, portanto, a XP foi avaliada em nada mais, nada menos que 12 bilhões de reais. Para que você tenha uma ideia, em junho de 2020 o valor de mercado da XP estava em 22,7 bilhões de dólares, o equivalente a 114 bilhões de reais. Não há dúvidas, portanto, de que essa foi uma aquisição muito bem-sucedida em termos financeiros, bem como sob o aspecto de sinergia, visto que são empresas do mesmo nicho.

4. Recomprar suas próprias ações

A recompra de ações ocorre quando a companhia utiliza uma parte dos seu lucros para comprar novamente as ações de sua própria emissão no mercado, ou seja, reduzir o número de ações. Ela não tem nenhuma obrigação legal de fazer isso e só o fará se o preço da sua ação estiver vantajoso. Porém, quando isso ocorre, é uma sinalização positiva para o mercado, pois indica que a empresa considera que suas ações estão com preço atrativo. É um sinal de que o controlador, ao ver que o preço da ação está depreciado, enxerga uma oportunidade. Normalmente, esses programas de recompra de ações costumam surgir em momentos de crise, quando a Bolsa toda cai devido a algum fator sistêmico.

Para você ter uma ideia, na crise causada pela pandemia do coronavírus, o anúncio do programa de recompra de ações triplicou no primeiro trimestre de 2020. Em meio à queda de quase 40% do Ibovespa nesse período, os anúncios de recompra de ações pelas companhias negociadas em Bolsa chegaram a 26 empresas. A título comparativo, nesse mesmo período, em 2019, eram apenas nove.

Quando a empresa recompra suas ações, a participação, em percentual, dos investidores que não venderam suas ações aumenta, ou seja, a recompra de ações distribui a participação para o acionista que não vender suas ações, e isso tende a aumentar a cotação da ação e os dividendos futuros.

O aumento da cotação se justifica porque os lucros da empresa serão divididos em menos ações, cada uma valendo mais, e, como vimos, os lucros acompanham a cotação. Sendo assim, os dividendos recebidos se tornam maiores pelo mesmo motivo, uma vez que o investidor tem, agora, uma participação maior na empresa. No entanto, isso é apenas metade da história, porque recomprar ações pode limitar o crescimento futuro da companhia, já que ela abrirá mão de investir esse dinheiro em outros projetos.

Existem muitos debates sobre as vantagens dos dividendos em relação às recompras de ações e vice-versa, pois trata-se de um tema que gera certa polêmica entre os investidores. Warren Buffett, por exemplo, não distribui dividendos através da sua empresa, a Berkshire Hathaway, ele somente recompra as suas ações. Por outro lado, as empresas brasileiras do setor de transmissão elétrica pagam dividendos generosos.

Para citar um exemplo de anúncio de programa de recompensa de ações, no dia 10 de março de 2020, as Lojas Renner anunciaram um programa de recompra de ações para retirar do mercado 8 milhões de papéis de sua emissão. O montante correspondia a 1% das ações da companhia em circulação que, na data do anúncio, somavam 794.398.882 ações ordinárias. O programa teve início nesse mesmo dia e prazo de 18 meses, com promessa de encerramento em 10 de setembro de 2021.

Nunca se esqueça de que o seu patrimônio em ações é dado pela seguinte fórmula: **PATRIMÔNIO = QUANTIDADE DE AÇÕES X PREÇO DA AÇÃO**, ou seja, o patrimônio do acionista só pode aumentar se ele adquirir mais ações e o preço delas se valorizar. Quando uma empresa retém os lucros para investir em novos projetos, ela espera que os seus lucros no futuro sejam maiores, fazendo com que a sua ação seja valorizada; e quando uma empresa paga dividendos, o acionista pode aumentar seu patrimônio reinvestindo os ganhos para comprar mais ações.

Por fim, quando a empresa recompra suas ações, a participação dos acionistas que não venderam suas ações aumenta e o número de ações total da empresa diminui; portanto, os lucros e dividendos futuros serão distribuídos em menos ações e, consequentemente, aumentarão. Dessa forma, cada ação passará a valer mais e o preço provavelmente aumentará. Além disso, os dividendos recebidos por ação também serão maiores no futuro, o que permitirá a você comprar mais ações.

Em resumo, o patrimônio do investidor aumenta no longo prazo em função de quatro fatores:

1. Valorização da ação devido ao crescimento dos lucros do negócio;

2. Valorização da ação devido ao efeito de recompra das ações;

3. Aumento da quantidade de ações devido ao reinvestimento dos dividendos provenientes dos lucros;

4. Aumento da participação proporcional devido à recompra de ações, o que permite receber mais dividendos por ação e, portanto, comprar mais ações.

Na prática, as empresas pagam dividendos, recompram ações e aumentam os lucros ao mesmo tempo, pois esses fatores estão todos inter-relacionados. No mercado brasileiro é muito mais comum as empresas pagarem dividendos do que recomprarem suas ações.

Se você ficou confuso com a minha explicação, vou fazer uma analogia para que possa entender melhor de que forma a retenção dos lucros, a distribuição dos dividendos e a recompra de ações beneficiam os acionistas — no caso, nós, investidores.

Imagine que uma empresa é uma grande torta e que cada acionista é dono de uma pequena fatia. Ao reter os lucros, a empresa aumenta o tamanho da torta. Logo, a fatia de todo mundo aumenta. Ao distribuir dividendos, cada acionista que quiser aumentar sua fatia poderá comprar mais ações de outros acionistas que queiram vender suas ações. Com isso, a fatia das pessoas que compram as ações aumenta e a dos que vendem diminui.

De forma similar, ao recomprar ações, a empresa retira alguns sócios do negócio, ou seja, os acionistas que querem vender suas ações, e, assim, a torta é dividida entre menos pessoas. Consequentemente, a fatia dos acionistas que decidiram ficar com as ações aumentou.

O desafio das companhias é encontrar o balanço ideal entre dividendos, recompra de ações e retenção dos lucros que aumente ao máximo o patrimônio do acionista no longo prazo. Claro que sempre haverá incertezas quanto ao melhor uso dos lucros de uma empresa, mas empresas boas costumam fazer bons julgamentos, e você precisa confiar na gestão da empresa.

O que são os dividendos?

Sem dúvida, junto com a recompra de ações, a distribuição de dividendos é um dos fatores mais relevantes para aplicação do Método KISS.

Os dividendos são os proventos pagos em dinheiro para os acionistas da empresa. Como já vimos, eles são a parte dos lucros da empresa que é distribuída para os seus acionistas, mas até agora falamos sobre eles apenas de forma genérica. A partir de agora vamos nos aprofundar para entender toda a dinâmica desse universo.

Tipos de dividendos

Devido às peculiaridades tributárias do nosso país, existem, na prática, dois tipos de proventos em dinheiro pagos aos acionistas: os juros sobre capital próprio (JSCP) e os famosos dividendos. Em termos práticos, para você, investidor, eles são a mesma coisa, pois você simplesmente vai receber o valor na sua conta na corretora. No entanto, existe uma diferença tributária para a empresa:

- 💲 Os dividendos são pagos para os investidores após a empresa pagar os impostos, logo, eles são pagos líquidos de impostos (IR e outras contribuições);
- 💲 Os JSCP são pagos aos investidores antes da empresa pagar os impostos, logo, eles são pagos na forma bruta para o investidor, que paga na fonte uma alíquota de IR de 15%. Esse valor retido na fonte aparece em sua conta na corretora junto com o valor bruto dos JSCP. Assim, você recebe o valor líquido.

No Brasil, as empresas são obrigadas a pagar o dividendo mínimo obrigatório aos seus acionistas em cada exercício. Na maioria dos casos, isso é estipulado no Estatuto Social como porcentagem dos lucros, e esse valor pode incluir JSCP e dividendos no seu cálculo. Na prática, existe um limite máximo que pode ser distribuído sob a forma de JSCP, e, além disso, pagar a alíquota de 15% pode desagradar os acionistas.

Assim, as empresas costumam distribuir seus lucros sob as duas formas: dividendos e JSCP.

Para você, investidor, nada muda. O que realmente importa é receber o pagamento, seja ele dividendos ou JSCP. Tanto faz. A grande vantagem de receber dividendos é poder obter uma renda regular e usufruir dos lucros do negócio do qual você é sócio, sem precisar trabalhar um minuto para isso.

Da mesma forma que um investidor que tem um imóvel para aluguel ganha todo mês uma renda recorrente, o investidor em ações receberá regularmente uma renda de dividendos referente à quantidade de ações que possui. Contudo, lembre-se de que antes de sair gastando os seus dividendos, você deve reinvesti-los. Não se esqueça de que você está na fase de acumulação de patrimônio, e o reinvestimento dos dividendos é uma das coisas mais importantes que você deve fazer para acelerar esse processo. Se você tiver a disciplina de reinvestir regularmente os seus dividendos, os benefícios no futuro podem ser incríveis.

Quando estiver próximo da condição de liberdade financeira, você poderá começar a usufruir desses valores oriundos dos dividendos, e tendo o objetivo de gerar essa renda periódica, o investidor focado em dividendos não precisa se preocupar muito se o preço das suas ações está caindo no curto prazo, pois ele continuará recebendo os seus dividendos contanto que a empresa continue gerando lucros.

Veja, essa é uma lição muito importante: os dividendos que você recebe são independentes do preço das suas ações. Eles dependem somente da quantidade de ações que você possui e da parcela dos lucros que a empresa distribui.

Por fim, quero reforçar aqui que o uso mais importante dos lucros para o acionista minoritário são os dividendos e a recompra de ações por parte da empresa, lembrando que os dividendos são a parte dos lucros da empresa que é distribuída para os seus acionistas. Como você já sabe, os dividendos permitem comprar mais ações da companhia, que gerarão mais dividendos, que comprarão mais ações, que gerarão mais dividendos e assim por diante, como uma bola de neve. Assim, quando você estiver próximo de alcançar a liberdade financeira, os dividendos já serão sua fonte de renda.

DATAS IMPORTANTES E PERIODICIDADE DE PAGAMENTOS DOS DIVIDENDOS

Quando falamos de dividendos, temos que conhecer as datas envolvidas na distribuição desses proventos, bem como as informações relevantes.

Vamos, então, começar falando das datas em ordem cronológica, começando com a data de aprovação, depois data "com", data ex-dividendos e, por fim, a data de pagamento.

Data de aprovação: Nessa data, o pagamento dos dividendos ou JSCP é aprovado e comunicado ao mercado. Essa aprovação ocorre por Assembleia Geral Ordinária (AGO) ou através de Reunião do Conselho de Administração (RCA). Você pode encontrar com facilidade esses comunicados no site da empresa, no site da B3 e na plataforma do GuiaInvest.

Data base ou último dia "com": Essa é a data mais relevante para o investidor, pois é a data limite em que você deve estar com as ações para ter o direito de receber aquele dividendo anunciado no comunicado, ou seja, você precisa terminar o dia com as ações para ter o direito. Depois desse dia, você poderia, inclusive, vender as ações que mesmo assim receberia os dividendos prometidos na data de pagamento. No final desse dia, a B3 ajusta o preço de fechamento aplicando o desconto percentual do provento com o objetivo de manter seu patrimônio inalterado. Isso nos leva à próxima data importante que você precisa conhecer.

Data ex-dividendos: A data ex-dividendos é a data a partir da qual as ações passarão a ser negociadas sem o direito de receber dividendos ou JSCP.

Isso significa que, se você comprar ações a partir desse dia, não terá direito a receber os dividendos ou JSCP que a companhia aprovou naquele comunicado. Para ter direito aos dividendos e JSCP, você precisa começar o dia da data ex-dividendos com as ações, ou seja, elas devem ter sido compradas pelo menos um dia antes dessa data — a data base ou último dia "com", que falamos antes.

E aqui tem um detalhe relevante que acontece na data ex-dividendos: o ajuste da cotação da ação. Na abertura do pregão na data marcada, o mercado tende a reduzir o preço da ação no valor do provento a ser pago (dividendos ou JSCP). Esse fenômeno desmente o raciocínio ingênuo de alguém que compraria as ações na data "com" com o intuito de vendê-las na data ex-dividendos para ganhar, exclusivamente, os dividendos. É aquela máxima de que no mercado não existe almoço grátis.

Esse ajuste ocorre porque quem comprar as ações a partir dessa data não terá mais o direito de receber os dividendos, e é natural que os investidores considerem isso na hora de colocar suas ordens de compra e venda.

Uma outra razão para ocorrer esse desconto é manter inalterado o patrimônio dos acionistas que têm o direito de receber os proventos. Vejamos um exemplo hipotético para ficar mais claro.

João possui 10 mil ações da Ambev. Em 10 de março de 2020, a companhia anuncia que irá pagar 2 reais por ação. A data ex-dividendos é 7 de abril. No dia anterior, a cotação da ação é de 15 reais, logo, o patrimônio do João nessa data é de 150 mil reais. Ao abrir o pregão do dia 7, o preço da ação sofrerá o desconto de mercado de 2 reais e será negociada na faixa dos R$ 13,00. Então, na data ex-dividendos, o patrimônio do João será de:

> AÇÕES: 10.000 ações x R$ 13,00 / ação = R$ 130.000,00
> Proventos a receber = 10.000 ações x R$ 2,00 / ação = R$ 20.000,00
> **Patrimônio total: R$ 150.000,00**

Assim, o patrimônio do investidor permanece inalterado, mas lembre-se de que esse é um ajuste natural que acontece no preço da ação. Durante o dia, a ação voltará a ser negociada normalmente e pode, inclusive, voltar ao preço anterior, porque é o mercado que dita o preço.

Imagine que você tenha uma máquina que vende refrigerantes e que dentro dela tenha 500 reais em moedas. A máquina em si vale 2 mil e não tem nenhum refrigerante nela. Se você quisesse vender a máquina para alguém, você teria duas opções:

> **A.** Deixar as moedas dentro da máquina. Nesse caso, o preço de venda da máquina seria de 2,5 mil reais (2 mil reais da máquina + 500 das moedas).
>
> **B.** Retirar os 500 reais em moedas de dentro da máquina. Nesse caso, você não deveria vender a máquina pelo mesmo preço de 2,5 mil, porque não tem nenhuma moeda dentro. O justo seria vender a máquina por 2 mil.

No caso A, o comprador paga 2,5 mil, mas recebe 500 reais de dentro da máquina. Logo, ele desembolsou efetivamente apenas 2 mil reais. No caso B, o comprador paga 2 mil reais e não recebe nenhuma moeda. Assim, em ambos os casos o desembolso é o mesmo.

A mesma coisa acontece dentro de uma empresa. A companhia também tem dinheiro em caixa, que será pago aos acionistas como dividendos ou JSCP. Assim, a ação antes da data ex-dividendos é como se fosse a máquina com as moedas dentro, enquanto a ação depois dessa data é a máquina vazia.

Vejamos, agora, esse exemplo com ações. Uma ação com direito de receber 2 reais de dividendos por ação está cotada a 10 reais. Faz sentido para você essa ação custar esse valor sem o direito de receber os 2 reais de dividendos? Claro que não! O direito de receber os dividendos tem valor, porque ele lhe garante receber 2 reais na data de pagamento.

Diante de toda essa explicação, pode ser que talvez você esteja pensando que receber dividendo não vale de nada porque ele é descontado do preço da ação. Portanto, tanto faz como você vai receber a remuneração, se é por dividendos ou através da valorização do preço da ação.

Sim, no curto prazo o raciocínio é exatamente esse, e digo mais: a distribuição de dividendos pode ser um problema para quem não segue um método porque terá que pensar no que fazer com esse dinheiro. Nesse caso, seria até melhor que a empresa mantivesse esse dinheiro para reinvestir no próprio negócio. Contudo, a longo prazo não é bem assim. Antes de mais nada, lembre-se das vantagens dos dividendos: gerar renda passiva e possibilidade de comprar novas ações. Só isso já os torna desejáveis. Contudo, também não podemos esquecer que para viver de renda é necessário existir um fluxo de pagamentos periódicos, e esses pagamentos virão dos dividendos.

Embutido nesse argumento de que os dividendos são irrelevantes está a ideia errada de que o preço da ação é determinado somente pelos dividendos. Isso não é verdade! E para que você veja como esse argumento é absurdo, se o preço da ação fosse determinado somente pelo pagamento de dividendos, devido ao ajuste de preço a ação valeria cada vez menos até não valer nada. Obviamente, isso não acontece. O preço de uma ação reflete, no curto prazo, o movimento especulativo do mercado, mas, no longo prazo, contudo, ele tende a acompanhar o seu desempenho.

Vimos anteriormente que a empresa reinveste no seu negócio uma porção dos lucros. Nenhuma empresa se mantém estática. As boas companhias costumam aumentar sua receita, seu lucro e seus dividendos; umas mais rapidamente, outras nem tanto.

Por fim, a última data é a **data de pagamento**. Essa é a data em que o pagamento será efetuado e o valor estará disponível na sua conta na corretora. Às vezes, pode acontecer da empresa deixar em aberto a data do pagamento, e nesse caso você não sabe exatamente o dia que o valor será pago.

PERIODICIDADE DE PAGAMENTOS

Apesar das empresas serem obrigadas a distribuir o dividendo mínimo obrigatório no ano, elas podem escolher a periodicidade de pagamento desses proventos. O mais comum é manter o mesmo padrão ao longo dos anos. De modo geral, as empresas podem pagar mensalmente, trimestralmente, semestralmente e, por fim, anualmente.

Uma forma simples de saber qual a periodicidade de pagamento dos dividendos é acessar o histórico de pagamentos dos últimos anos, facilmente obtido em diversos sites, inclusive no GuiaInvest, no site da B3 ou no site da própria empresa na área de RI (Relações com Investidores). A área de RI é o departamento responsável por atender os acionistas da empresa e informar o mercado sobre eventos relevantes.

Mas, afinal, quem decide as regras para a distribuição de dividendos? Bom, é comum as empresas terem uma política clara quanto a isso. A política de dividendos trata-se de uma decisão sobre a proporção dos resultados líquidos apurados num determinado período a ser distribuída aos acionistas ou a ser reinvestida nas atividades da empresa. Essa informação você encontra na área de RI da empresa.

Vale destacar um ponto nesse momento: seu objetivo primordial é fazer crescer o seu patrimônio para alcançar a condição de liberdade financeira plena. Nesse sentido, tanto faz se o seu patrimônio vai crescer via reaplicação de dividendos ou por valorização do preço das ações. Isso é indiferente. O que faz sentido pensar é que as empresas que pagam poucos dividendos tendem, em termos potenciais, a crescer mais do que as que pagam muito. É um raciocínio bem simples.

O engraçado sobre o recebimento de dividendos é que depois que você já investe há um certo tempo, se torna tão normal receber esses depósitos na conta que você já não dá mais muita atenção. Hoje, confesso que eu nem fico acompanhando esses pagamentos; simplesmente vejo que o saldo na corretora vai aumentando e junto com os aportes mensais para comprar mais ações. Simples assim, mas, no começo, é surpreendente, pois, se parar para pensar, verá que é algo contraintuitivo você simplesmente receber depósitos regulares sem precisar trabalhar para isso. Não é algo natural para pessoas que não foram educadas financeiramente desde pequenos, como eu e você — e como 99% dos brasileiros, talvez.

Apesar de eu não ficar mais surpreso com o recebimento dos dividendos, sinto-me realizado quando recebo depoimentos de alunos e assinantes do GuiaInvest relatando que ficaram maravilhados ao ver esses valores depositados pela primeira vez na conta da corretora. Talvez você também venha a ter esse sentimento quando receber os primeiros dividendos. Saiba que é apenas o começo. O melhor ainda está por vir.

CAPÍTULO 21
COMO AVALIAR AÇÕES PAGADORAS DE DIVIDENDOS

Neste capítulo, vamos continuar a tratar das nuanças relativas ao universo dos dividendos. Para isso, vamos falar sobre os indicadores mais relevantes na hora de avaliar e selecionar as melhores ações: o *Dividend Yield*, o *Dividend Yield on Cost* e o *Dividend Payout*.

DIVIDEND YIELD

O *Dividend Yield* (DY) é um indicador que mede o quanto a empresa pagou de proventos em dinheiro — ou seja, os dividendos e os juros sob capital próprio — em relação ao preço atual da ação.

Digamos que as ações de determinada empresa estejam sendo negociadas a 40 reais no mercado e que, nos últimos 12 meses, ela distribui 1 real em dividendos e 1 real em juros sobre capital. Assim, temos que o DY dela é de 5%. O cálculo é elementar: proventos pagos nos últimos 12 meses / preço atual da ação.

Vale ressaltar que esse indicador é sempre medido pela soma dos dividendos e juros sobre capital pagos nos últimos 12 meses. Lembre-se de uma coisa: no caso do juro sobre capital próprio, há incidência de 15% de Imposto de Renda sobre o valor distribuído e o DY não considera esse valor no cálculo.

Agora, vejamos um caso real. Enquanto escrevo este livro, as ações da Telefônica Vivo, código VIVT4, estão sendo negociadas a R$ 49,04. Nos últimos 12 meses, a empresa havia pagado R$ 1,50 por ação na forma de dividendos e R$ 1,51 na forma de juros sobre capital, o que totalizou um pagamento de R$ 3,01 em proventos para cada ação. Se dividirmos esses R$ 3,01 pelo preço da ação, R$ 49,04, chegaremos ao DY de 6,1%. Isso significa que para cada 100 reais investidos nas ações da Vivo, você ganhou cerca de 6 reais de proventos nos últimos 12 meses.

Como você pode ver, o DY é super fácil de ser interpretado e nos sinaliza as ações com maior potencial de distribuição de dividendos — pela óptica dos pagamentos mais recentes dos últimos 12 meses, claro. Contudo, saiba que olhar esse indicador isoladamente pode ser bastante perigoso para os investidores mais desavisados. Uma decisão tomada apenas por ele poderá incorrer em prejuízos, e para evitar isso é necessário olhar o indicador dentro de um contexto mais amplo, averiguando mais números antes de tomar uma decisão de investimento.

Para explicar como isso acontece, vejamos um caso real que aconteceu com a EZTEC, empresa do setor de construção civil, e como isso poderia ter apontado um falso sinal para os mais desavisados.

A EZTEC, apesar de distribuir dividendos constantes desde 2010, nunca se destacou por apresentar um alto DY. Contudo, em 2017 aconteceu algo fora do comum que chamou a atenção do mercado. A empresa fechou a venda da Torre B do empreendimento comercial EZ Towers para a Brookfield por 650,3 milhões de reais. Com isso, a EZTEC ficou com mais dinheiro do que precisava naquele momento. Então, adivinha o que a administração resolveu fazer? Para alegria dos cotistas, ela decidiu distribuir um dividendo extraordinário que somou R$ 3,01 por ação naquele ano, fazendo com que o seu DY saltasse para 17%.

Para você ter uma ideia, um ano antes, a empresa havia distribuído 71 centavos de dividendos por ação. Em 2018, um ano depois da venda do prédio, a empresa distribuiu somente 41 centavos por ação, o que representou um DY de 2,1%.

DIVIDENDO POR AÇÃO (R$) - EZTC3

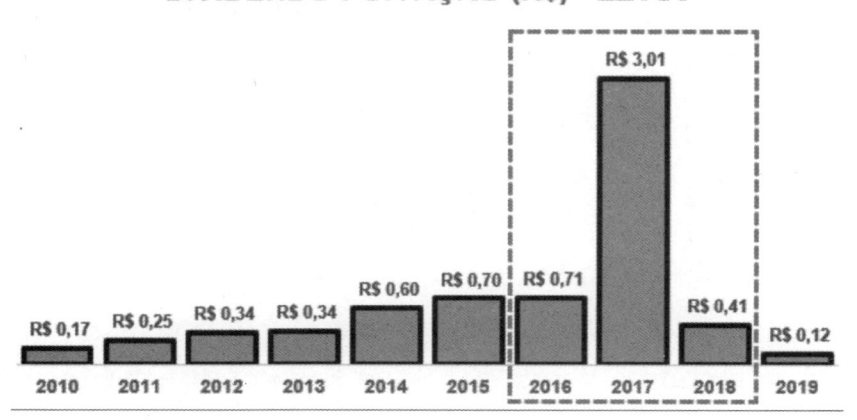

Ano	2010	2011	2012	2013	2014	2015	2016	2017	2018	2019
R$	0,17	0,25	0,34	0,34	0,60	0,70	0,71	3,01	0,41	0,12

Em outras palavras, quem comprou EZTEC em 2017 com a esperança de receber um dividendo gordo em 2018 acabou se frustrando. Para evitar que isso aconteça, o ideal é sempre verificar o histórico de pagamento de dividendos dos últimos anos, pois isso dará a você uma referência do quanto você pode receber em dividendos se a empresa mantiver os mesmos resultados passados. Ao mesmo tempo, você verá mais claramente possíveis distorções e dividendos que não devem se repetir. Veja no gráfico a seguir como aquele dividendo de 2017 fugiu à regra:

DIVIDENDO POR AÇÃO (R$) - EZTC3

Média: R$ 0,66 por Ação

2010	R$ 0,17
2011	R$ 0,25
2012	R$ 0,34
2013	R$ 0,34
2014	R$ 0,60
2015	R$ 0,70
2016	R$ 0,71
2017	R$ 3,01
2018	R$ 0,41
2019	R$ 0,12

Como você pode ver, a EZTEC distribui, em média, 66 centavos por ação anualmente.

Uma outra forma de avaliar a estabilidade do pagamento de dividendos de uma empresa é olhar para o DY médio. Na plataforma do GuiaInvest PRO é possível verificar o DY médio de 3, 5 e 10 anos de todas as empresas da Bolsa. Se a empresa apresentar estabilidade entre essas médias, existe grande probabilidade de continuar distribuindo dividendos no mesmo ritmo.

DIVIDEND YIELD ON COST

O *Dividend Yield on Cost* (DYC) é o percentual do dividendo anual recebido sobre o preço de aquisição das ações. Para ajudar a fixar a ideia, suponha que há 10 anos atrás você tenha comprado um lote de 1.000 ações da empresa FreeShoes, cotada a 20 reais na época. Sendo assim, você desembolsou 20 mil para adquirir essas ações. Hoje, a ação está sendo negociada a 105 reais, e está pagando um dividendo anual de 10 reais por ação. Nesse caso, o DY atual de 12 meses é de 9,5%, mas agora é que vem a parte interessante. Se você pagou 20 reais por essas ações, logo, o seu DYC é de 50%. Isso significa que passados 10 anos da compra dessas ações, você está recebendo de volta, apenas em dividendos, metade do valor que pagou.

Agora, vejamos um exemplo real com as ações da Itaúsa. Em 2019, a empresa distribuiu R$ 1,20 de dividendo por ação. Supondo que você tivesse comprado a ação em janeiro de 2016, quando ela estava cotada a R$ 5,20, isso significa que o seu DYC, em 2019, era de 23%, mas vamos ir além. Supondo, agora, que você já investisse há mais tempo e que em 2008 tivesse comprado as ações da Itaúsa a R$ 2,80, isso significa que em 2019 você teria um DYC de 43%. Incrível, não acha? Só o dividendo já paga boa parte do dinheiro investido.

Se fôssemos traçar um paralelo com o mundo dos imóveis, é como se você recebesse em um único ano um aluguel superior ao valor que pagou pelo imóvel anos atrás. Imagine que você tenha pagado 50 mil reais em um imóvel na planta há 25 anos atrás e hoje esse imóvel vale 1 milhão. O aluguel que você recebe é de 5 mil reais por mês, o que dá 60 mil por ano. Veja que é um valor superior ao que você pagou para adquirir o imóvel há 25 anos atrás.

O fato é que o DYC tende a crescer sem limites, já que depois de décadas os dividendos distribuídos tendem a ser muito maiores do que o preço pago. É por tudo isso que eu considero o DYC um indicador muito importante, talvez até mais do que o DY.

DIVIDEND PAYOUT

O *Dividend Payout* (DP) nada mais é do que o percentual dos lucros que a empresa distribuiu na forma de dividendos em determinado período. Em outras palavras, se uma empresa lucra 1 bilhão de reais no ano e distribui 500 milhões em dividendos, então, temos um DP de 50%. O mesmo resultado pode ser encontrado se dividirmos o dividendo por ação pelo lucro por ação.

Para dar um exemplo, vamos pegar o caso da Sanepar, código SAPR11. Entre o segundo trimestre de 2019 até o segundo trimestre de 2020, a empresa distribuiu um dividendo por ação acumulado de R$ 1,10, ao passo que gerou um lucro por ação de R$ 3,70. Isso nos dá um DP de 29,9%. Da mesma maneira, a empresa como um todo distribuiu 355 milhões de reais em dividendos e o seu lucro total foi de 1,12 bilhão, o que nos traz os mesmos 29,9% de DP.

Há casos de ações que mais de 100% do lucro é distribuído em dividendos, como a Ultrapar, por exemplo, que, no momento em que escrevo este capítulo, está com um DP de 149%.

DIVIDEND PAYOUT (%) - UGPA3

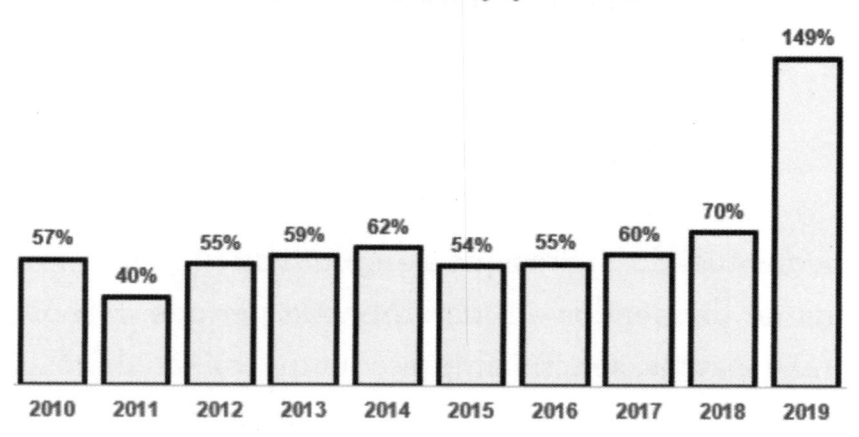

2010	2011	2012	2013	2014	2015	2016	2017	2018	2019
57%	40%	55%	59%	62%	54%	55%	60%	70%	149%

Isso significa que além do lucro que a empresa gerou, ela também retirou dinheiro do caixa para pagar mais dividendos aos acionistas. Claro, isso ocorrendo pontualmente não seria um problema — como foi o caso da EZTEC, que havia vendido um prédio —, mas há empresas que fazem isso sistematicamente e acabam queimando caixa, como era o caso da Aes Tietê até 2019, que operava com um DP constante de 110%.

Isso, obviamente, é insustentável a longo prazo, e em algum momento a empresa terá que reduzir o seu DP para manter o negócio saudável. Portanto, procure evitar empresas que operem recorrentemente com um DP acima de 100%.

Reforço: tanto o DY quanto o DP são indicadores que só devem ser levados em conta após a análise da qualidade da empresa. Mas como diferenciar uma empresa pagadora de dividendos de uma que não é?

O que são ações de dividendos? Quais os tipos de empresas?

Na verdade, chamamos de ações de dividendos empresas de setores mais conservadores, de baixo crescimento e que possuem um DY elevado e um DP próximo de 100%.

Mas o que é um DY elevado? Historicamente, costuma-se dizer que um DY acima de 6% é considerado bom, mas isso pode mudar de tempos em tempos. O correto seria avaliar esses valores em perspectiva com a taxa básica de juros da economia: a taxa Selic.

Entre os setores que mais se destacam nesse critério estão o bancário, o elétrico e o de saneamento. O que configura esses setores de empresas pagadoras de dividendos são as margens elevadas e a pouca necessidade de reinvestimento no negócio, o que acontece quando essas empresas já se encontram em um estágio avançado de maturidade.

Essas empresas chamamos de boas geradoras de caixa, porque possuem receitas elevadas e estáveis com custo controlado. Como entra muito dinheiro, mas não há muito o que fazer com ele, a administração da empresa opta por distribuir a maior parte do lucro em dividendos. Por exemplo, uma empresa de saneamento básico tem uma grande previsibilidade de receitas, custo estável e pouco reinvestimento. Nesse caso, faz sentido distribuir a maior parte do lucro em dividendos.

Por outro lado, as boas empresas que não são boas pagadoras de dividendos são chamadas de ações de crescimento. Elas costumam abrir mão de distribuir dividendos gordos para os seus acionistas para que, em vez disso, possam reinvestir os lucros no negócio e, assim, acelerar seu crescimento para colher os frutos lá na frente.

Naturalmente, essas empresas costumam apresentar um DP e DY baixos, pois apostam na expansão do negócio e, para isso, investem em novas tecnologias, adquirem novas fábricas, contratam mais funcionários ou, até mesmo, tentam adquirir empresas menores para ganhar fatia de mercado. Essas ações, em geral, tendem a crescer mais rápido e também possuem um potencial de valorização maior no longo prazo, mas também há mais riscos, uma vez que investimentos equivocados podem comprometer a trajetória da empresa.

Historicamente, as empresas de crescimento já estiveram em quase todos os setores da economia, mas é mais comum ver esse tipo de empresa em setores como tecnologia, varejo e serviços. Empresas como Apple, Facebook, Google e Amazon, por exemplo, são consideradas empresas de crescimento. Aqui no Brasil, podemos citar as Lojas Renner, a Fleury, a Hypera, a Localiza, a Grendene, Magazine Luiza, entre várias outras.

E aqui um ponto surpreendente: embora essas empresas paguem dividendos baixos, elas conseguem fazer com que o valor distribuído cresça de forma substancial, o que faz diferença para o investidor de longo prazo. Veja o caso das Lojas Renner:

DIVIDEND PAYOUT (%) - LREN3

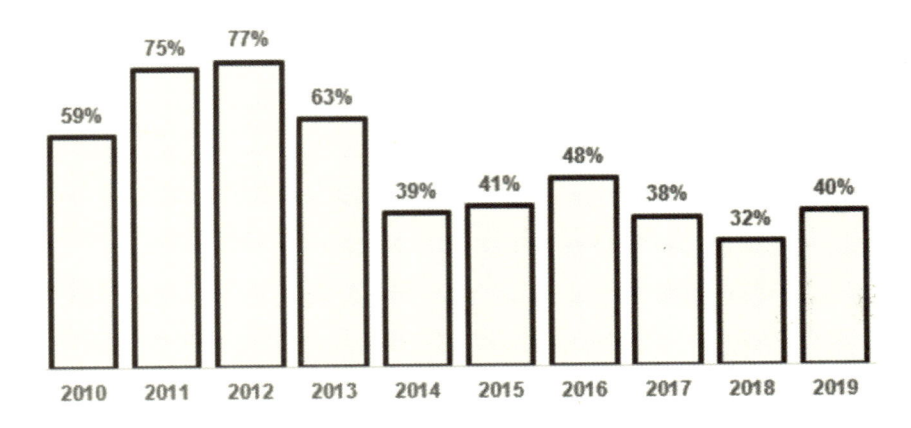

2010	2011	2012	2013	2014	2015	2016	2017	2018	2019
59%	75%	77%	63%	39%	41%	48%	38%	32%	40%

Perceba que o DP das Lojas Renner é cada vez menor, o que significa que essa empresa tem destinado uma fração dos lucros cada vez menor para seus acionistas. Isso não quer dizer, porém, que ela está distribuindo dividendos menores. Veja, no gráfico a seguir, que, por ser uma empresa de crescimento, ela consegue aumentar o dividendo distribuído ano após ano.

DIVIDENDO POR AÇÃO (R$) - LREN3

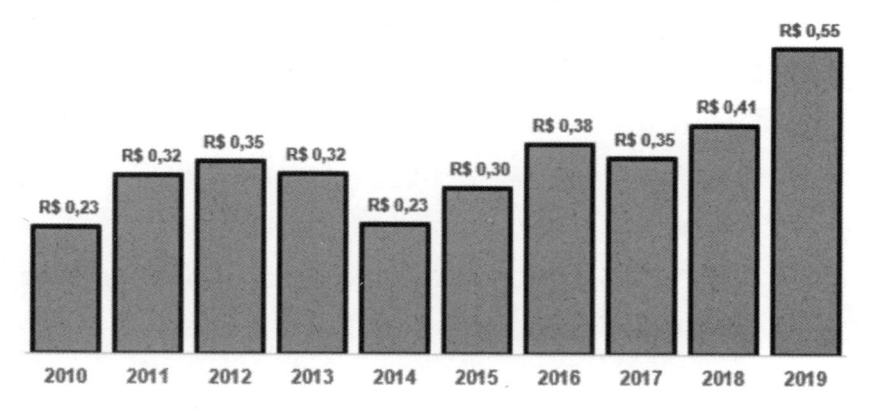

2010	R$ 0,23
2011	R$ 0,32
2012	R$ 0,35
2013	R$ 0,32
2014	R$ 0,23
2015	R$ 0,30
2016	R$ 0,38
2017	R$ 0,35
2018	R$ 0,41
2019	R$ 0,55

A esse respeito, cabe destacar dois pontos relevantes:

1. Para ações de dividendos, é um ótimo sinal quando a empresa tem um DP baixo e DY alto, pois isso mostra que ela poderá manter esse fluxo de pagamentos no futuro.

2. Para quem busca ações de crescimento, é um ótimo sinal quando a empresa apresenta declínio no DP ao mesmo tempo que tem um crescimento no DY. Isso demonstra força de crescimento, o que tenderá a se refletir na valorização da ação a longo prazo.

E quais seriam as vantagens de se investir em ações de dividendos para os investidores em geral?

Primeiro, baixa volatilidade em relação a outras ações do mercado. Os investidores em dividendos tendem a ser mais comprometidos porque querem receber renda em momentos bons e ruins; por isso, não fazem movimentações a todo instante. Isso faz com que, naturalmente, ações com essas características tendam a oscilar menos.

Segundo, a possibilidade de geração de renda. Investindo em ações que pagam bons dividendos, você garante uma renda passiva regular. Da mesma forma que um investidor que tem um imóvel para alugar e ganha todo mês com o valor do aluguel, você que investe em ações de dividendos vai receber regularmente um valor referente à quantidade de ações que possui. Além de ser a ideia central da liberdade financeira, é uma forma de garantir uma remuneração ao longo do tempo sem precisar vender suas ações.

Terceiro, possibilidade de ganhar mesmo com o mercado em queda. Como o objetivo maior é ter uma renda passiva com os dividendos, o investidor focado nessa meta não precisa se preocupar se o preço das ações está caindo no curto prazo, pois ele continuará recebendo os seus dividendos contanto que a empresa continue gerando lucros.

Diante de todas essas informações, a pergunta que fica é: qual a relevância de tudo isso para o investidor KISS?

A verdade é que na fase de acumulação de patrimônio, não vai fazer muita diferença você escolher investir em ações de dividendos ou de crescimento, primeiro porque você vai reinvestir todos os dividendos, de qualquer forma, e segundo porque você viu que o que realmente importa, no final das contas, é o crescimento do seu patrimônio. Esse crescimento pode vir tanto do reinvestimento do dividendo, que permite comprar mais ações, como pela valorização das ações, que é consequência do bom andamento da empresa. A única variável que não pode ser esquecida é a qualidade da empresa. Vale ressaltar que estamos sempre lidando com ações de empresas boas.

Também não podemos esquecer, é claro, que quanto mais próximo da liberdade financeira você estiver, mais fará sentido estar posicionado com ações de dividendos, já que você vai querer usufruir desses valores sem precisar vender qualquer ação. Isso, porém, tenderá a acontecer naturalmente ao longo da jornada. A recomendação, portanto, é ter os dois tipos na sua carteira.

No meu caso, eu não me preocupo tanto em escolher só ações de dividendos ou só ações de crescimento, pois busco, antes de mais nada, empresas com fundamentos sólidos e boa perspectiva futura. Assim, eu tenho ações de dividendos e ações de crescimento ao mesmo tempo. Tenho bancos, companhias elétricas, seguradoras e empresas de saneamento, mas não abro mão de ter empresas que estejam focadas em crescimento. Isso, no entanto, vai do bom senso de cada um. O ideal é ter um pouco de cada tipo.

CAPÍTULO 22

O REINVESTIMENTO DOS DIVIDENDOS NA PRÁTICA

Você notou que, ao longo deste livro, já falamos diversas vezes sobre o princípio do reinvestimento dos dividendos dentro do Método KISS. Isso, porém, não foi por acaso. Esse princípio é extremamente poderoso para o processo de construção de patrimônio com ações, e quanto melhor você entender sua dinâmica, mais fácil será conseguir colocá-lo em prática e, mais do que isso, adotá-lo como um novo hábito na sua vida de investidor.

Na primeira parte deste livro, apresentei o princípio a você e expliquei detalhadamente toda a teoria por trás do seu funcionamento. Agora, vou mostrar uma simulação dentro de um processo evolutivo no qual iremos aplicar outros princípios do método KISS. Assim, você poderá perceber como todos esses princípios estão conectados e atuam com sinergia máxima para o objetivo final, que é a conquista da liberdade financeira definitiva.

No estudo de caso que preparei com as ações do Bradesco, utilizei um período de 15 anos que vai de 2004 até 2019, considerando um investimento inicial de 10 mil reais para começar as simulações.

Na simulação a seguir, imagine que você tivesse investido 10 mil reais nas ações do Bradesco em 2004 e não tivesse feito mais nada desde então. Nessa etapa você aplicou somente o princípio de escolher investir em ações de uma boa empresa e nada mais. Como você estaria 15 anos depois?

Em 2019, você teria o equivalente a 84 mil reais.

Agora, na segunda simulação a seguir, vamos imaginar que você foi além. Você não apenas escolheu uma boa empresa para investir, mas também aplicou o princípio de reinvestir todo os dividendos recebidos ao longo do período. Qual seria o seu resultado 15 anos depois?

BBDC4 (2004-2019)

R$ 84.997,00

Aporte Simples de R$ 10.000

R$ 148.539,00

Aporte de R$ 10.000 reinvestindo dividendos

Veja que, em 2019, você teria acumulado 148 mil reais. Isso representa um aumento de 75% em relação ao resultado da simulação anterior.

Aqui, também, podemos notar o impacto do longo prazo no reinvestimento dos dividendos. Por isso, é muito importante ter paciência, e uma das coisas mais incríveis no reinvestimento dos dividendos é que você não precisa mais colocar um centavo do seu bolso. Você está simplesmente recebendo os frutos dos seus investimentos para comprar mais ações.

Agora, imagine que você continuou aplicando os ensinamentos aprendidos no Método KISS e, além de aplicar o princípio de investir numa boa empresa e reinvestir os dividendos, também aplicou o princípio de investir regularmente realizando aportes mensais de 300 reais ao longo desses 15 anos. Quanto será que você teria alcançado no final do período?

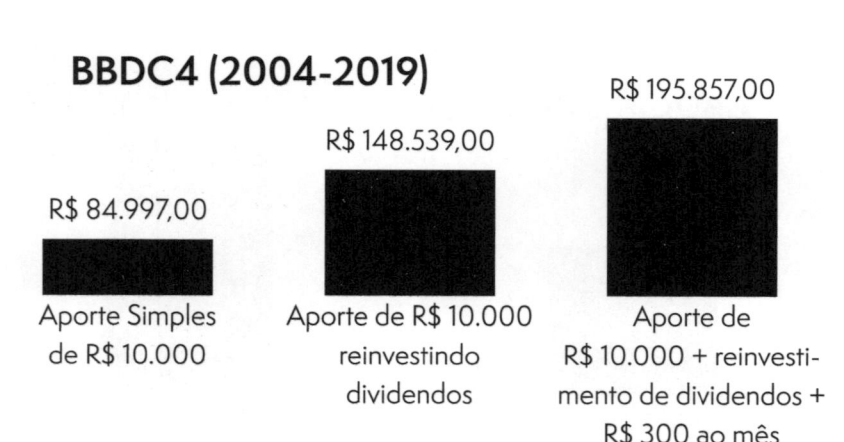

BBDC4 (2004-2019)

Aporte Simples de R$ 10.000	Aporte de R$ 10.000 reinvestindo dividendos	Aporte de R$ 10.000 + reinvestimento de dividendos + R$ 300 ao mês
R$ 84.997,00	R$ 148.539,00	R$ 195.857,00

Nesse cenário, em 2019, você teria atingido a quantia total de 195 mil reais. Veja que agora o salto foi bem mais alto, pois o aumento em relação à simulação anterior foi de 31%.

Indo mais adiante nessa simulação, imagine que você realmente resolveu seguir à risca o Método KISS. Além de escolher uma boa empresa, reinvestir os dividendos e realizar aportes mensais, você também adotou o princípio de priorizar o trabalho para aumentar sua renda pessoal. Desse modo, você pôde realizar aportes maiores nesse período. Assim, nessa nova situação, você não aportou apenas 300 reais, mas também conseguiu dobrar os aportes para 600 reais todo os meses ao longo de 15 anos. E qual foi o resultado?

BBDC4 (2004-2019)

Aporte Simples de R$ 10.000	Aporte de R$ 10.000 reinvestindo dividendos	Aporte de R$ 10.000 + reinvestimento de dividendos + R$ 300 ao mês	Aporte de R$ 10.000 + reinvestimento de dividendos + R$ 600 ao mês
R$ 84.997,00	R$ 148.539,00	R$ 195.857,00	R$ 391.714,99

Veja como, em 2019, você teria acumulado 391 mil reais com as ações do Bradesco. Nada mal, concorda?

Até aqui, tudo bem, mas a realidade é você pode fazer melhor do que isso. Para tornar a próxima simulação um pouco mais interessante, imagine que você tivesse se dedicado seriamente a crescer profissionalmente e tivesse conseguido aportar não apenas 600 reais por mês, mas 900 reais em média, graças ao aumento de renda que obteve ao longo desses 15 anos. Vamos ver qual foi o resultado final.

BBDC4 (2004-2019)

Aporte de R$ 10.000 + reinvestimento de dividendos + R$ 300 ao mês	Aporte de R$ 10.000 + reinvestimento de dividendos + R$ 600 ao mês	Aporte de R$ 10.000 + reinvestimento de dividendos + R$ 900 ao mês
R$ 195.857,00	R$ 391.714,99	R$ 587.572,49

Nesse caso especial, ao final de 2019 você teria juntado a quantia de 587 mil reais com as ações do Bradesco.

Interessante ver todos os princípios atuando juntos, não acha? Isso é para mostrar a você o poder de construção de riqueza com ações quando todos os princípios atuam em conjunto. Essa é a verdadeira força do Método KISS na sua caminhada rumo à liberdade financeira.

Ao observar o poder da combinação de vários princípios do Método KISS, diria que o efeito multiplicador de capital é o mesmo que jogar gasolina no fogo. É realmente explosivo no longo prazo. E se você estiver lidando com ações de boas empresas, esse efeito é bastante previsível.

Agora, quero aproveitar para mostrar essa mesma simulação com mais três empresas de setores diferentes, só para que você veja que o caso do Bradesco não foi isolado. Podemos observar essa mesma dinâmica com outras ações de empresas conhecidas. Para acessar esse conteúdo, aponte a câmera do seu celular para o QR Code abaixo ou baixe o aplicativo QR Code Reader.

EXEMPLO PRÁTICO REINVESTIMENTO DE DIVIDENDOS NA PRÁTICA

Vejamos, agora, um exemplo prático de como ocorre o processo de recebimento e reaplicação dos dividendos ao longo do tempo. Compreendo que apesar dos vários estudos de caso e simulações já apresentados, pode ser que o entendimento de como tudo funciona na prática ainda possa estar um pouco nebuloso.

SIMULAÇÃO: MIL AÇÕES DA TRPL4

Data	Evento	Provento por ação (R$)
21/06/2016	Dividendo	0,67
02/12/2016	Dividendo	0,83
01/06/2017	Dividendo	0,82
28/11/2017	Dividendo	2,22
15/06/2018	Dividendo	0,51
18/06/2018	Dividendo	4,62
17/12/2018	Juros capital próprio	3,59

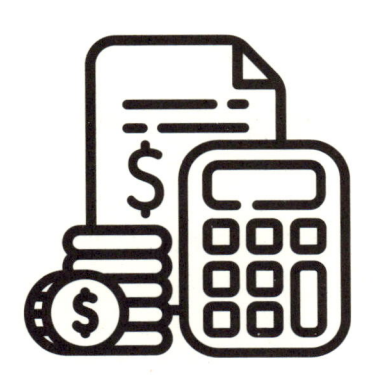

Por isso, vejamos um exemplo real que aconteceu com as ações da Transmissão Paulista (TRPL4) entre 2016 e 2018.

Preço da ação no dia (R$)	Valor recebido em proventos (R$)	Quantidade de ações que poderiam ser compradas
14,95	667,80	45
15,26	834,70	55
15,90	819,60	52
15,26	2.218,30	145
14,68	514,20	35
14,53	4.615,70	318
16,74	3.594,00	215

CAPÍTULO 23
COMO GERAR RENDA IMEDIATA COM DIVIDENDOS

Antes de mais nada, é importante relembrar que existem duas fases dentro da jornada rumo à liberdade financeira. A primeira é a fase de acumulação. Praticamente todo o ensinamento aqui apresentado está inserido dentro do contexto dessa primeira fase. É aqui que você vai seguir a estratégia aplicando todos os princípios do Método KISS.

Essa é fase de construção de patrimônio, onde você investirá todos os meses até alcançar seu objetivo, que pode ser juntar 1 milhão, 5 milhões, 10 milhões... Cada um tem seu número porque sabe qual é seu custo de vida e quanto de renda passiva precisa para cobrir suas despesas mensais. Reforço que o único objetivo aqui é construir um patrimônio suficientemente grande que possa proporcionar um fluxo de pagamentos que sustente o seu padrão de vida e o da sua família. Esse é o destino final que nós chamamos de liberdade financeira, e ela pode vir mais rápido ou mais devagar, só vai depender de você. Quanto antes começar, antes você chegará nessa condição.

E como vimos nos capítulos anteriores, tanto faz você escolher somente ações que pagam altos dividendos, as chamadas ações de dividendos, ou aquelas que pagam pouco dividendos, que são chamadas de ações de crescimento. Esse critério é pouco relevante porque você deverá reinvestir esses dividendos comprando mais ações.

E é aqui que a história começa a ficar interessante. Entenda que a caminhada não acaba nessa fase. Na prática, é bastante provável que você continue a trajetória, mas com uma abordagem ligeiramente diferente.

Deixe-me explicar melhor. Digamos, por exemplo, que você atingiu o patrimônio desejado de 3 milhões e já consegue viver dos rendimentos provenientes dos dividendos. É provável que você não vá mudar de vida de uma hora para outra. Não vai parar tudo completamente só porque chegou nesse patamar. A verdade é que a liberdade financeira é conquistada todos os dias, um pouco de cada vez. Se continuar seguindo os princípios do Método KISS, você estará mais próximo da liberdade financeira a cada dia que passa, e poderá chamar isso de aposentadoria, se quiser. O importante é entender o conceito, a ideia que há por trás. Ao seguir essa metodologia, você está se aposentando um pouco mais a cada dia, como uma barra de progresso que mede um percentual que vai crescendo diariamente. Em termos práticos, ao ir preenchendo essa barra, você está garantindo paz e tranquilidade para si mesmo e para a sua família. E, em última instância, é disso que se trata. Esse é o grande porquê de você estar dedicando tempo para aprender o Método KISS.

Ao chegar próximo à condição de liberdade financeira, a verdade é que você poderá sim diminuir sua carga de trabalho. Talvez pare de trabalhar por necessidade e busque algo que tenha mais significado na sua vida. Tanto faz. Meu ponto é que essa transformação acontece de maneira gradual, e não da forma abrupta que você, talvez, deva estar imaginando.

Na fase de remuneração, devo ressaltar que o objetivo primordial não é mais fazer o seu patrimônio crescer, e sim apenas colher os frutos. É usufruir dos rendimentos dos dividendos. Na realidade, seu patrimônio vai continuar crescendo, mas em ritmo mais devagar do que na fase de acumulação, porque o foco será outro. Diante desse contexto, a pergunta é: qual estratégia você deve adotar nessa segunda fase? Simples. É a estratégia de investir somente em ações que pagam bons dividendos, mas com o cuidado de comprar no momento certo, e é sobre isso que iremos tratar agora.

Nas próximas páginas vamos descobrir como você faz para receber renda passiva imediata com dividendos. Nesse caso, existem duas etapas: escolher ações de boas empresas para ser sócio e comprar suas ações por um preço atrativo sob o aspecto dos dividendos atuais. A primeira etapa, por ser bem prática, não será abordada neste livro, mas eu falo mais sobre ela no meu curso Investidor Definitivo, dentro da plataforma GuiaInvest. Já a segunda etapa é uma abordagem exclusiva para você que busca a geração de renda imediata com ações. Lembre-se de que, durante a fase de acumulação, a ideia é comprar ações a qualquer preço, um pouco todo mês. Já na fase de remuneração, o objetivo é gerar renda passiva imediata, e para isso o preço de compra passa a ser importante.

E o que seria, então, esse preço atrativo? Para o investidor da fase de remuneração, é muito simples: o preço atrativo é aquele que tem boas chances de proporcionar um rendimento satisfatório num futuro próximo; no caso, em até 12 meses, ou seja, uma renda imediata. Em outras palavras, uma ação está com preço atrativo quando está sendo negociada a um Dividend Yield (DY) atrativo.

Para saber o que seria um DY atrativo, vamos usar como referência o limite mínimo de 6% para o DY, o que significa que você só comprará as ações quando oferecerem um DY com essa porcentagem. Mas por que 6%? Esse número não é arbitrário. Para chegar nele, fiz um breve estudo com as ações do índice de dividendos da B3, o IDIV. Caso você não saiba, o índice IDIV tem por objetivo ser o indicador do desempenho médio das cotações dos ativos que se destacaram em termos de remuneração dos investidores, sob a forma de dividendos e juros sobre o capital próprio.

Nesse estudo, utilizei como critério a média do DY atual, de 3, 5 e 10 anos, ponderado pela participação de cada ação no índice. Veja que é uma maneira racional de estimar qual DY você pode esperar para a escolha de ações de dividendos, e como resultado desse estudo, cheguei à média de 5,8% de DY histórico pago pelas ações que compõem o índice. Para deixar o raciocínio mais simples, arredondei para 6% ao ano. Portanto, a partir de agora vamos usar sempre os 6% de referência. Minha ideia aqui é trabalhar com números realistas, e o valor de 6% já foi utilizado com sucesso em várias estratégias de dividendos defendidas por acadêmicos e investidores profissionais, mesmo em períodos em que a taxa de juros era superior a de hoje.

A verdade é que, dependendo do momento de mercado, às vezes será difícil encontrar ações de boas empresas que estejam sendo negociadas com um DY de 6%. Por essa razão, talvez você precise ter um pouco de paciência para esperar as oportunidades surgirem, porque uma coisa é certa: boas oportunidades surgirão, uma hora ou outra.

Dito isso, não vejo problema em você considerar flexibilizar esse limite mínimo de 6% para 5% ou, até mesmo, para 4%. No entanto, é preciso ter cuidado, porque quanto menor foi o DY na compra, maior deve ser o crescimento dos dividendos para compensar.

Para que você entenda melhor, imagine duas empresas. A primeira empresa é comprada com um DY de 3%, mas, devido às perspectivas de crescimento do seu setor, é possível esperar um crescimento de 15% nos lucros e dividendos. Essa é uma empresa de crescimento que chamamos de ações de crescimento. Por sua vez, a segunda empresa é comprada com um DY de 6%, mas o setor é mais maduro, e um crescimento de apenas 3% nos lucros e dividendos pode ser esperado. Essa é uma empresa conservadora. Veja só, portanto, a evolução dos dividendos recebidos pelas duas empresas:

Ações de crescimento x Ações de dividendos

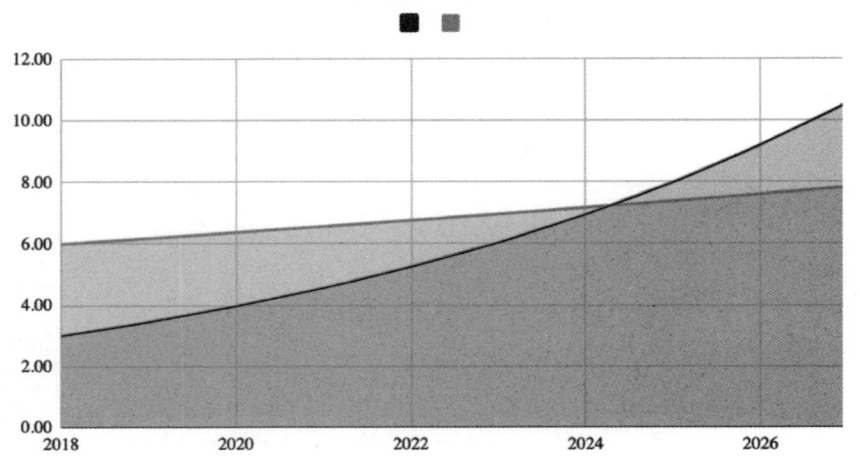

Veja que, até 2024, os dividendos recebidos da empresa conservadora foram maiores, mas, a partir de 2025, os dividendos recebidos da empresa de crescimento é que passaram a ser maiores. Em geral, as empresas de crescimento têm um potencial maior de pagar dividendos no futuro, mas costumam ser negociadas com um DY menor no presente. Por outro lado, as empresas conservadoras costumam, de forma geral, ter um menor potencial de crescimento nos dividendos, mas compensam com um DY maior em média.

Como saber, então, qual delas é melhor para receber dividendos? Como o foco na fase de remuneração é gerar renda imediata e de forma mais segura, as empresas conservadoras (ações de dividendos) são mais adequadas porque, em média, têm mais chances de serem negociadas com um DY atrativo. Além disso, essas empresas costumam ser de setores mais maduros e menos arriscados, mas isso não quer dizer que você nunca mais irá comprar ações de crescimento.

O que acontece é que você pode comprar ações de empresas de crescimento em momentos específicos, quando alguma turbulência no mercado fizer com que elas passem a ser negociadas com um DY mais elevado, que esteja acima do seu limite mínimo. Nesses momentos, essas ações se comportam como conservadoras, porque a ação está não só com um DY elevado, mas também com um grande potencial de crescimento.

Por fim, lembre-se de que essa classificação de empresas de crescimento e conservadoras é um tanto quanto cinzenta. Na verdade, existem empresas que aumentam os dividendos distribuindo os lucros. Essas companhias conseguem elevar os lucros futuros não pelo reinvestimento dos lucros retidos, mas, sim, por aumentos de eficiência internos. É o melhor dos dois mundos.

CONSIDERAÇÕES FINAIS

Estou feliz de saber que você chegou até aqui, pois é sinal de que você quer ir além e está buscando, assim como eu, uma vida mais plena, rica e feliz. Também é sinal de que acredita que essa realidade é possível de ser alcançada através de investimentos inteligentes. Fico feliz por ter tido a oportunidade de apresentar a você os princípios do Método KISS e de te ajudar a desenvolver uma visão ampla a respeito dessa metodologia.

Agora, chegou o momento de reunir todo esse conhecimento e traçar um perfil comportamental único, que engloba todos os aspectos importantes para o seu sucesso nessa jornada. É hora de retomar alguns conceitos sob a ótica das atitudes que se esperam daqueles que seguem o Método KISS. Antes, porém, gostaria de relembrar que prezamos, mais do que qualquer coisa, pela simplicidade em todo processo.

Esse é o nosso mantra. Portanto, como você verá, a simplicidade permeará todas as características que serão destacadas nas linhas a seguir.

Para começar, a primeira característica do investidor KISS contempla o hábito de investir somente em ações de empresas que apresentam bons fundamentos. O que está por trás desse princípio é um conceito elementar: aplicar seu dinheiro somente em ativos de valor. Nada é mais poderoso para a construção de riqueza permanente no longo prazo do que o investimento em ações de empresas boas, mas para que isso funcione é preciso adotar outro hábito negligenciado pela maioria daqueles que buscam se aventurar na Bolsa de Valores.

A segunda característica é o hábito de reinvestir todos os lucros e dividendos. Como você já aprendeu ao longo deste livro, esse hábito é mais do que apenas um adicional: ele é obrigatório para a eficácia do método. É aqui que o efeito bola de neve dos juros compostos mostra seu verdadeiro poder de multiplicação de capital. Não subestime sua força. Ao negligenciar este hábito, o processo de acumulação de riqueza se dará de maneira bastante vagarosa. Isso significa mais tempo investindo até atingir a condição de liberdade financeira plena, e não é isso que você quer.

Se você estiver partindo do zero, os dividendos recebidos serão pequenos, mas isso não é motivo para desanimar. Com o passar do tempo, os valores serão maiores e começarão a fazer diferença no seu processo de construção de patrimônio com ações.

A terceira característica importante de todo investidor KISS é o hábito de pensar por conta própria, sendo proativo em suas pesquisas, análises e decisões. Pensar por conta própria permite que você não seja enganado por pessoas mal-intencionadas, tampouco receba orientação de pessoas que não dominam o assunto.

Ao longo desses anos, aprendi que existem três grupos de pessoas: o grupo das pessoas que sabem, o das pessoas que sabem que não sabem e o grupo das pessoas que não sabem o quanto não sabem. Escute as pessoas do primeiro grupo, elas sempre têm algo para agregar, mas lembre-se de que a decisão final deve ser sempre sua. Desconsidere as pessoas do segundo grupo, não há nada que elas possam agregar; e tome cuidado redobrado com as pessoas do último grupo. Estes são os mais perigosos, porque acreditam verdadeiramente que sabem o que estão fazendo, e você pode ser influenciado negativamente por suas opiniões. Não se engane: as pessoas do terceiro grupo podem estar mais próximas do que você imagina. São parentes, familiares, amigos e pseudoespecialistas disfarçados de profissionais do mercado.

A quarta característica importante é ter uma visão de longo prazo nos investimentos. Lembre-se: é mais inteligente aumentar o seu patrimônio aos poucos, de maneira gradual e correndo menos riscos do que simplesmente ganhar um dinheiro rápido e perigoso no curtíssimo prazo — isso pode levar tudo a perder.

Certa vez, Warren Buffett foi questionado do porquê tantos investidores almejavam ser *traders*, mesmo que a estratégia por ele desenvolvida, de comprar boas empresas pensando no longo prazo, tivesse se mostrado tão eficaz historicamente. Buffett foi categórico na resposta: pouca gente aceita a ideia de ficar rica devagar.

Eu acredito que todo investidor bem-sucedido deve se enxergar correndo uma maratona, e não uma prova de 100 metros rasos. Cada passo deve ser dosado, sempre pensando em como o próximo pode ajudar você a cruzar a linha de chegada. Para isso, é preciso ter paciência. A resiliência do investidor tem um papel importantíssimo aqui. No início, os resultados são pequenos, mas, se você acreditar no processo e souber esperar, eles virão mais cedo ou mais tarde.

A quinta característica do investidor KISS é ter o claro entendimento da diferença entre preço e valor dos seus investimentos, especialmente quando se trata de ações. Basicamente, essa característica é a que separa um verdadeiro investidor de um especulador. O investidor de sucesso enxerga valor e realiza seus investimentos baseado nessa métrica, já o especulador é diferente. Ele só tem olhos para o preço das ações, já que sua forma de atuar segue a lógica de comprar e vender freneticamente com o objetivo de auferir ganhos de capital no curto prazo. Mas, como você já descobriu, esse caminho é fadado ao fracasso. Estudos e pesquisas sérios mostram que os *traders* amadores obtêm prejuízos em mais de 90% dos casos.

O investidor KISS é um colecionador de ativos de valor. Seu grande objetivo é acumular patrimônio. Esse é o seu jogo porque, no final, essa é a verdadeira métrica de riqueza. O resto é conversa.

A sexta característica do investidor bem-sucedido é procurar tomar suas decisões de investimento de maneira racional, por mais difícil que isso possa parecer na prática. Procure basear suas decisões em números, sem se deixar levar pelas emoções afloradas pelos ruídos do mercado. Quanto menor a influência de fatores emocionais, melhores serão suas decisões. E, no caso das ações, o objetivo é avaliar os números friamente. Esse é o único caminho para não ser influenciado negativamente por sentimentos de pânico ou euforia que, de tempos em tempos, surgem no mercado.

Jamais esqueça que as suas decisões não podem ser influenciadas pelas opiniões ou crenças cheias de carga emocional das outras pessoas. Quando você segue a opinião de outras pessoas, está se distanciando de uma das características mais poderosas do investidor bem-sucedido.

A sétima característica importante é a de não seguir a direção da grande massa de investidores. Na linguagem do mercado, dizemos que você não deve seguir a manada. O investidor que realmente enriquece com ações não segue as massas, não participa do consenso de mercado. Por outro lado, isso não significa que você deva seguir a direção contrária ou fazer algo mirabolante. Você precisa somente se afastar dos chamados ruídos do mercado. E o que isso quer dizer? Na prática, o mercado está constantemente tentando prever os próximos movimentos. Em certo momento, o noticiário defende a seguinte tese: "É hora de comprar ações porque a Bolsa está barata". E aí, na semana seguinte, a nova tese surpreendente é: "Vendam suas ações porque a Bolsa ficou cara".

Não é preciso ser um gênio para entender que esse comportamento não condiz com a realidade. Se você compreender que o dia a dia do mercado seque essa dinâmica maníaco-depressiva, saberá que, na maioria das vezes, a direção da manada costuma estar equivocada. A dica é simples e direta: se afaste da manada.

Pela minha experiência, acredito que todo investidor que adota esse conjunto de características está jogando com as probabilidades a seu favor. Dessa forma, suas chances de sucesso aumentam drasticamente, e isso é tudo o que você precisa para trilhar esse caminho, mesmo que já saiba que não existe garantia de sucesso no mundo dos investimentos.

Meu conselho para você não poderia ser mais simples e direto:

ACREDITE NO PROCESSO E NO PODER DA APLICAÇÃO DOS PRINCÍPIOS ENSINADOS NESTE LIVRO.

O GRANDE SEGREDO DO ENRIQUECIMENTO COM INVESTIMENTOS É QUE NÃO HÁ SEGREDO.

VOCÊ É CAPAZ DE CHEGAR LÁ SE ESSE FOR O SEU DESEJO.

ANDREFOGACA_
MAP_MENTESDEALTAPERFORMANCE

Meu papel aqui foi tão somente dar aquele empurrãozinho que você tanto precisava para se aventurar nessa jornada. Se esta obra ajudar a transformar a vida de uma única pessoa, posso dizer que já valeu a pena, e eu desejo que essa pessoa seja você.

E aqui chegamos às últimas palavras. Espero, de coração, que a mensagem deste livro tenho impactado você da mesma forma que todo esse conhecimento ajudou a impactar a minha vida e da minha família no começo da minha jornada.

Desejo que transformações tremendas aconteçam em sua vida ao aplicar o que você aprendeu com esta leitura, mas saiba que o seu caminho de aprendizado não para por aqui. Este é somente o pontapé inicial de um longa e próspera jornada de sucesso como investidor, porque agora você tem o mapa. Está em suas mãos o poder de escolha de trilhar esse caminho.

Dito isso, posso afirmar que a cada dia aumenta minha convicção de que a chave para conquistarmos algo importante em nossas vidas está no poder de agirmos na direção certa, com a mentalidade adequada e, acima de tudo, com a estratégia correta. E, diante do poder que o Método KISS tem de transformar vidas, cheguei a uma simples conclusão: a riqueza ou a pobreza é uma questão de escolha. Da mesma forma que a felicidade e a infelicidade.

Se escolher a felicidade em sua vida, é isso que alcançará. Mas o melhor mesmo é ter as duas coisas - felicidade e riqueza. Com tudo que aprendeu neste livro você pode e merece ter os dois!

Agora, pergunto a você: qual escolha você fará a partir de hoje?

Desejo muito sucesso para você em todos os aspectos de sua vida. Isso é apenas o começo de algo grandioso. O melhor ainda está por vir.

André Fogaça

REFERÊNCIAS E INDICAÇÕES DE LEITURA

BROWNE, Christopher H. *Investimento em Valor*. Saraiva, 2012.

CLASON, George Samuel. *O homem mais rico da Babilônia*. 18. ed. Casa dos Livros, 2005.

DIMSON, Elroy; MARSH, Paul; STAUNTON, Mike. *Triumph of the optimists: 101 years of global investment returns*. Princeton University Press, 2002.

EKER, T. Harv. *Os segredos da mente milionária*. Editora Sextante, 2020.

GRAHAM, Benjamin. *O investidor Inteligente: o guia clássico para ganhar dinheiro na bolsa*. HarperCollins, 2016.

HAGSTROM, Robert G. *O jeito Warren Buffett de investir: os segredos do maior investidor do mundo*. 2. ed. Benvirá, 2019.

KIYOSAKI, Robert. *Independência financeira: o guia para a sua libertação*. Alta Books, 2017.

KIYOSAKI, Robert. *Pai rico, pai pobre*. Edição de 20 anos atualizada e ampliada. Alta Books, 2017.

KLARMAN, Seth. *Margin of Safety: Risk-Averse Value Investing Strategies for the Thoughtful Investor*. HarperCollins, 1991.

MARKS, Howard. *O Mais Importante para o Investidor: lições de um gênio do Mercado Financeiro*. Edipro, 2020.

ROBBINS, Tony. *Money Master The Game: 7 Simple Steps to Financial Freedom*. Simon & Schuster, 2016.

SIEGEL, Jeremy. *Stocks for the Long Run: The Definitive Guide to Financial Market Returns & Long-Term Investment Strategies*. 5. ed. McGraw-Hill, 2014.

VANHAVERBEKE, Frederik. *Excess Returns: A comparative study of the methods of the world's greatest investors*. Harriman House, 2014.

Nós valorizamos muito quem
curte nossos conteúdos,
e adoramos conhecer nossos leitores.
Por isso, vamos adorar ver
uma foto sua com este livro.
Então, se quiser postar um story
e nos marcar no Instagram
@MAP_MENTESDEALTAPERFORMANCE
para nós será motivo de muita alegria –
tanto que lhe daremos um cupom de
30% OFF para sua próxima compra.

Demais, não é mesmo?

NINGUÉM VAI CUIDAR MELHOR DO SEU DINHEIRO DO QUE VOCÊ MESMO.

ANDREFOGACA_
MAP_MENTESDEALTAPERFORMANCE

Transformação pessoal, crescimento contínuo, aprendizado com equilíbrio e consciência elevada.

Essas palavras fazem sentido para você?

Se você busca a sua evolução espiritual, acesse os nossos sites e redes sociais:

iniciados.com.br
luzdaserra.com.br
loja.luzdaserraeditora.com.br

luzdaserraonline
editoraluzdaserra

luzdaserraeditora

luzdaserra

Avenida 15 de Novembro, 785 – Centro
Nova Petrópolis / RS – CEP 95150-000
Fone: (54) 3281-4399 / (54) 99113-7657
E-mail: loja@luzdaserra.com.br

Luz da Serra
EDITORA